BENİM ADIM SULTAN FATİH

NESRİN AYDIN ERDEM

Çocuk Gezegeni

BENİM ADIM SULTAN FATİH

Nesrin Aydın Erdem

Editör

Yavuz Selim ERDOĞAN

Kapak Tasarım

Ferhat ÇINAR

İç Tasarım

Serdar KÜÇÜKDEMİRCİ

Çocuk Gezegeni

Ahi Evran Cd. 1214. Sk. No:21/2

Ostim - Yenimahalle / ANKARA

Tel: 0312 395 74 74

Fax: 0312 394 47 26

BASKI:

Korza Yayıncılık Basım San. ve Tic. A.Ş.

Yenice Mah. Çubuk Yolu Üzeri No:3 Çubuk / Ankara

Tel: 0312 342 22 08 Fax: 0312 341 14 27

Sertifika No: 40961

BENİM ADIM SULTAN FATİH

NESRİN AYDIN ERDEM

FATİH SULTAN MEHMET'İN TAHTA İLK ÇIKIŞI VE VARNA SAVAŞI

Hava kararmak üzereydi. Güz mevsiminin başladığını fısıldayan serin rüzgâr sokaklarda özgürce dolaşıyor, ara sıra yerde oluşturduğu ufak hortumlarla çınar ağaçlarından dökülen yapraklarını döndüre döndüre uzaklara taşıyordu.

Güzel bir ülkeydi Türkiye. Bağrında dört mevsim birden yaşıyordu. Hele Ege bölgesi yok muydu? İncirin, zeytinin, üzümün, turunçgillerin yanı sıra daha bir sürü meyvenin de cennetiydi. Buralarda Ağustos ayının on beşi çıktı mı, güz esintileri akşamın olmasını sabırsızlıkla bekler ve tıpkı bir oyunun ebesi gibi yaz aylarının kalan son sıcaklarını kovalar dururdu. Bu kovalamacadan en çok yaşlılar ve çocuklar hoşlanırdı. Zira Ege'nin bunaltıcı sıcaklarından en çok onlar rahatsız olurdu. Güz yaklaşırken, sokakta oynanan oyunların tadına doyum olmazdı. Yaşlılar begonvil çiçeklerinin tırmandığı balkonlarında çaylarını yudumlarlarken, çocuklar da o balkonların altında enerjileri tükenip uykuları gelene kadar oynarlardı. Yazın, Ege'de her mahalle birbirinin aynı şöleni yaşardı. Senin benim ayrımı yapmaksızın, her komşu oturdukları yerden çocukları göz ucuyla yoklar, kolaçan ederdi. Oğlanlardan biri koştururken yere düşüp dizini mi kanattı, balkondan bir ses:

"Hey! Erkek adam ağlar mı hiç, kızlar görmesin seni böyle haydi kalk!" der onu cesaretlendirirdi.

Kız çocuklarında genellikle oyun ebesi kim olacak onun kavgası olurdu. Kimse ebe olmayı istemez, çoğu bu görevden kaçmak için türlü bahaneler uydururdu.

Onlara da görmüş geçirmiş ninelerden biri ya da anneleri seslenirdi:

"Böyle yapacaksanız hemen içeri girin, bir daha da birlikte oynamayı unutun" derdi.

Ültimatomu alan çocuklar kavgalarını çaresiz daha alçak sesle; neredeyse fısıldayarak yaparlardı. Zira ucunda, ertesi akşam için ceza alıp sokağa çıkmamak, arkadaşlarıyla eğlenceli vakit geçirme fırsatını kaçırmak vardı. İşte böyle geçerdi Ege'de çoğu akşam. Sokağa yayılan demlenmiş taze çayın kokusu, melisa çiçeklerininkiyle karışır insanı tatlı bir sarhoşluğun kollarına atardı. Böyle güzel akşamlardan biriydi. Sonsuz'un en yakın arkadaşı Azat, babası Mustafa hoca, annesi Güllü hanım, Resul beylerin özel misafirleriydi. Aslında Mustafa hoca Resul beyin hastası sayılırdı. Gittiği bir psikiyatrist, psikojenik füg diye bir hastalığa yakalandığını söylemişti ona. Son birkaç saat içinde neler yaptığını hatırlayamayan, hayatı gayet normal seyrederken, bir anda kendini bambaşka yerlerde bulan ama oraya nasıl gittiğini bir türlü hatırlayamayan insanlar için söylenmiş bir terimdi psikojenik füg. Mustafa hoca, bu rahatsızlığını yenmek için zaman zaman Resul beyden yardım almaya başlamıştı. Birlikte yaptıkları uzun sohbetlerden, şimdiye kadar dişe dokunur bir sonuç alamasalar da, Mustafa hoca Resul beyin psikolog kimliğinden ve onunla konuşup rahatlamaktan hoşnuttu. Biraz da bu vesileden olsa gerek ailecek, sık görüşen iki komşu olmuşlardı. Biraz garip adamdı Azat'ın babası. Akdeniz bölgesindeki özellikle Antalya, Alanya çevresindeki çiftçilerin üzerlerinden çıkarmadıkları siyah şalvarıyla dolaşmaya bayılırdı. Üzerinde ise genellikle yakası düğmesiz uzun kollu keten gömleklerinden biri olurdu. İmam olması, onun bu kıyafetinin günümüz toplumunda yadırganmasına maniydi. Azat, babasını bu haliyle Osmanlı eşrafından olan kimselere benzetirdi.

Kız kardeşi Fulya, ağabeyi Sonsuz ile arkadaşı Azat'a aldırmaksızın kedisi Atom'u kucağına almış, onu Mustafa Hocanın neredeyse burnuna kadar dayayarak sevmesini rica ediyordu. Zavallı hoca, kedileri sevmediğinden değil ama ibadet yapılırken sakıncası olduğunu düşündüğünden kedilerle, köpeklerle arasını pek sıkı tutmazdı. Azat bir ara babasıyla göz göze geldi. Fulya ile Atom'un yakın ilgisine maruz kalan babasının düştüğü duruma utanmasa katıla katıla gülecekti. Azat'ın yüzünde, belli etmemeye çalıştığı sevinci fark eden Sonsuz, onun içinden:

"Oh olsun! Hayvan beslememe izin vermez misin? Bak Fulya ne güzel alıyor intikamımı" dediğini işitir gibiydi. Lakin Mustafa amcanın daha fazla eziyet çekmesine dayanamayan Sonsuz, kız kardeşine seslenip:

"Fulya!" diye yüksek sesle bağırdı.

Ağabeyine ne var dercesine bakan Fulya, Sonsuz'un gözlerindeki ikazı görür görmez kediyle birlikte ortadan kayboldu. E! Sonsuz'du bu, ne zaman ne yapacağı belli olmazdı. Sözünden bir çıksın, eninde sonunda Fulya'nın canını sıkacak bir şey bulur bir şekilde cezasını keserdi. Mustafa amca, Sonsuz'un babası Resul Bey, eski insanların ne kadar dost canlısı olduğunu anlatıyordu. Eski bayramların tadına doyulmadığını, eski komşulukların şimdilerde pek de yaşanmadığını, yaşatılmadığını izaha çalışıyordu. Resul bey de hemen hemen aynı fikirdeydi. Gerçi o işini çok seven ve layıkıyla icra etmeye gayret gösteren bir psikiyatrist olduğu için en inatçı, en taş kalpli görünen insanları bile mesleğine has yöntemlerle, ikna edebiliyor, kalplerini kimsenin inanamayacakları kadar yumuşatabiliyordu.

"Haklısın hoca efendi. Eskiden insanlar daha yardımsever, daha eli açık, daha dost canlısıydı" diyerek sohbete son noktayı koymuştu Resul Bey. Azat, Saray-ı Amire'yi ikinci kez ziyaret ettiklerinde, ellerinde ölen kimsesiz ihtiyarı düşününce dayanamayıp pat diye söze karıştı.

"Belki, eskiden de insanlar söylediğiniz gibi değildi. Nereden biliyorsunuz ki? Şimdi sokaklarda her köşe başında görmeye alışkın olduğumuz kimsesizler, açlar, evsizler o zaman yok muydu sanki?"

Herkes gözlerini Azat'a çevirmişti. Sonsuz ise arkadaşına yadırgayarak bakıyor, gözlerindeki yarı şaşkın eda ile şimdi durup dururken onların meselelerine niye karışıyorsun ki, demeye getiriyordu. Azat ağzından ziyade gözleriyle konuşmayı adet haline getiren Sonsuz'a:

"Ne var bunda?" diye sordu sonra başını ona doğru yaklaştırarak kulağına fısıldadı.

"Banyosunu yaptırıp, karnını doyurduğumuz o kimsesiz ihtiyarı ne çabuk unuttun? Madem insanlar bu kadar merhametliydi eskiden, ihtiyar daha iyi bakılamaz mıydı? Biz olmasak mezarı bile olmayacaktı belki" diyerek Saray-ı Amire'yi ikinci kez ziyaret ettiklerinde yaşadıkları üzücü olayı hatırlattı. Azat, Sonsuz'a laf yetiştiredursun Mustafa amca ellerini kirli sakallarında gezdirerek gülümsedi ve:

"Çocuklar, etrafınıza şöyle bir bakın. O gördüğünüz yardıma muhtaç insanlara kaç kişi elini uzatıp yardım ediyor? Hadi bunu yapmıyorlar, acaba onları gören, duyan, acılarını yüreğinde hisseden kaç kişi var?"

"Kimse yok gibi. Hatta öyle insanların yakınından bile geçmiyorlar. Yollarını değiştiriyorlar veya başlarını çeviriyorlar. Ben bazen annemle sokakta yürürken görüyorum onları" dedi Fulya içeriden.

"Hah! Tam da öyle güzel kızım" diyerek onayladı Mustafa amca Fulya'nın yürek burkan sözlerini. Resul Bey, içeride kedisi Atom ile oynayan Fulya'yı aradı. Göz göze geldiklerinde baba kız birbirlerine gülümsediler. Bu gülümseme, Fulya'nın Resul beyden aferin aldığının habercisiydi. Aynı sıralarda Esin Hanım da, elinde muhallebi kâseleriyle konuklarına ikram yapmaktaydı. Azat'ın babası karşısındakini incitmekten kaçınan yumuşacık sesiyle konuşmasına devam etti.

" Şimdi insanlar önlerini bile görmüyorlar ki, birbirlerini

görebilsinler. Adeta bakan kör olmuşlar"

"Bakan kör mü?" diye tekrarladı Fulya, bir anlam verememişti her halde kıkırdadı elinde olmadan.

"Evet, bakan kördür böyle insanlar. Yani etraflarına sadece bakıyorlar ama gerçekte orada ne var görmüyorlar. Bakmak başka şeydir, görmek ise başka. İnsan etrafına gözlerinden çok yüreğiyle bakabiliyorsa gerçekte olanı görebilir."

Azat daha fazla dayanamadı:

"Ama çok daha eskiden de vardı yardıma muhtaç insanlar, kimi kimsesi olmadan aç susuz uyuyanlar bir köşede ölenler? Onlara ne demeli?"

Mustafa Amca Azat'ın sorusu karşısında şaşkınlıktan kaşlarını kaldırdı. Yüzündeki üzgün ifade dikkat çekiciydi.

"Ah Evlat!" diye söze başladı yeniden.

"Eskiden insanlar düşkün olduklarını dosttan düşmandan saklarlardı. Muhtaç olduğunu açık etmeyi ayıp sayarlardı. Kan kusup, kızılcık şerbeti içtim değimi böyle davranan insanlar için söylenmiştir. Tabii siz nereden bileceksiniz? Şimdi herkes her şeyden şikâyetçi... Kimse halinden memnun değil."

Esin hanım: "Anlaşıldıysa eğer, herkes muhallebilerini bitirsin hemen" diyerek ellerinde kalan ikramlığı yemeleri için şaka yollu takıldı.

Vakit epeyce ilerlemişti. Mustafa hoca beklenmedik şekilde ayağa fırladı ve otururken dizlerinin üzerine yığılan şalvarını elleriyle düzeltip:

"Eh! Artık bize müsaade" dedi.

Bunu söylerken hafiften yana doğru eğdiği başı ve şirince kırptığı bir gözüyle hanımına kalkalım işareti veriyordu. Azat'ın her zaman sessiz duran, genellikle etrafını dinlemekle yetinen annesi Güllü hanım, ciddiyetinden olacak, yüzünde çok sık rastlanmayan vakur gülümsemesiyle ev sahiplerine konukseverlikleri için çoktan teşekkür etmişti bile. İtiraz dolu sözleriyle, konuklarının ayaklanmasına mani olmak isteyen Resul Bey, ne dediyse Mustafa hocayı ve işini ikna edememişti. Misafirler, sokak kapısından uğurlanırlarken, iki yakın dost, Sonsuz ile Azat yarın başlayacak olan hafta sonu tatili için plan yapmak üzere sabah erkenden garajda buluşmak üzere sözleştiler. Fulya çaktırmadan muhabbetlerini dinlemeye koyulsa da, ağabeyi Sonsuz'un çatılan kaşlarıyla geri adım atıp, yeniden kedisi Atom ile meşgul olmaya başlamıştı. Henüz kapıdaki kalabalık dağılmamıştı ki, Sonsuz'un gözü garajın çatındaki küçük pencereden etrafı seyreden takıldı. Şişt, pişt demeye çalışsa da, Peri'nin Sonsuz'u işitip içeri gireceği yoktu. İşin kötüsü, Mustafa amca, arkadaşı Resul Bey'i kırmayarak onun, hayli önemsediği kaplumbağagillerden sayılan arabasına şöyle bir göz atmayı kabul etmişti. Tam da Peri'nin altında sohbet etmekteydiler.

Sonsuz: "Bu kadar da rahatlık olmaz ya! Şimdi yakalanacak bizimkilere" diye huzursuzlanınca, penceredeki mühim vaziyeti Azat da gördü. Görmekle kalsa iyiydi belki:

"Hey! Şuraya bak bileğinde bisiklet kilidi var. Bilezik gibi takmış döndürüp duruyor."

İki arkadaş, Esin hanım ile Güllü Hanım'ın koyu muhabbetlerini kontrol ettikten sonra, Peri'nin henüz fark edilmediğini anlayınca biraz olsun rahatlamışlardı. Sonsuz kocaman açtığı gözleriyle pencereye doğru şişt, pişt demeye devam ediyordu. Neyse ki, Peri melankolik bakışlarını gerçek dünyaya çevirip, milletin tepesinde bahçe feneri gibi dineldiğini anlamıştı. Belki de anlamasa daha bile iyi olurdu. Zira kendine gelir gelmez paniklemiş ve bileğinde çevirmekten zevk aldığı kilidi, pencereden içeri çekileceğim derken, Mustafa Hocanın şalvarının arka cebine düşürmüştü. İki arkadaş aynı anda:

"Olamaz" diye yüksek sesle bağırdı.

Sesi duyan herkes kafasını onlara çevirmişti. Resul bey garipseyerek buruşturduğu meraklı yüzüyle:

"Olamayan ne çocuklar?" diye sordu.

İkisinden de çıt çıkmıyordu. Azat'ın sessizliği malumdu. Zira yalan söylemeyi sevmiyordu. İyi bir yalan uydurması için Sonsuz'un becerisine sığınmıştı. Resul bey tekrar sordu: "Evet? Umarım önemli bir sorununuz yoktur"

"Hayır, yok baba! Sadece performans ödevimi teslim edeceğim tarih çok yaklaşmış... Azat bana hatırlatınca..."

"Çok panik oldun öyle mi? Hayret bir şey, sen ve derslerin için endişelenmek. Doğrusu bunu düşünemiyorum bile."

Fırsatını bulduğunda, lafını esirgemiyordu babası. Mahcup tavırlarıyla yanlarından uzaklaştılar. Esin Hanım ile Güllü Hanım uzaktan olan biteni seyrediyorlardı. Azat ise Sonsuz'u bir kenara çekmiş, babalarının şüpheli bakışları arasında Peri'nin, Mustafa hocanın şalvarının arka cebine düşürdüğü bisiklet kilidini nasıl alacaklarını düşünüyordu.

"Çok iyi... Şimdi ne olacak? Cebindekini fark eder etmez merak edip kurcalamaya başlayacaktır babam"

"Tamam, Azat tamam... Sen de başımı şişirip durma. Zaten moralim bozulacağı kadar bozuldu. Ben de başımızın dertte olduğunun farkındayım her halde. Bir yolunu bulup alacağız merak etme"

"Keşke Peri'nin suret değiştirmekten başka yetenekleri de olsaydı"

"Ne gibi mesela?"

"Kolunu uzatıp, cebinden çekiverseydi kilidi mesela..."

"Of Azat Of!"

"Ne dedim ki şimdi ben? Sen de hiçbir şeyi beğenmiyorsun"

"Beğenilecek bir şey söyle de beğeneyim o zaman. Mustafa amcayı evrenin başka bir boyutunda kendi halinde gezerken düşünemiyorum. Nasıl geldiğini bile anlayamadan kurda kuşa yem olur. Bu işi halletmenin acil bir yolunu bulmalıyız. Bu gece ne sana ne de bana uyku yok dostum anlaşıldı mı?"

Peri, pencerenin arkasından çocuklara bakıp, bana da, bana da der gibi eliyle kendini göstererek işaret ediyordu.

"Gördün mü bak? Kesin bize takılacak şimdi" dedi Azat.

İşler gittikçe karışıyordu.

"Size gitmem için bir bahane bulmalısın. Ve ne pahasına olursa olsun o kilidi bu akşam ele geçirmek zorundayız. Yoksa yandığımızın habercisidir bu olay"

İki arkadaş hararetli fısıldaşmalarına devam ederken Mustafa hoca ile Resul Bey garajda duran kaplumbağanın her yanını iyiden iyiye gözden geçirmiş keyifli bir sohbete girmişlerdi.

"Bir gün sizi bununla Homeros Vadisi'ne piknik yapmaya götüreyim ha ne dersin hocam?" diye sormuştu Resul Bey. Güleç yüzüyle başını sallayan hoca:

"Haydi beyim! Vakit istirahat vaktidir. Çocukların gözlerine yazık... Biz yatmadan yattıklarını görmedim henüz. Gidelim de ortalık sakinleşsin. O dediğini havalar iyiden iyiye kötüleşmeden yaparız merak etme" dedi. Hanımını ve oğlunu yanına alan hoca, ev sahiplerinin iyi niyet temennileriyle sokağın içinde yol almaya koyuldu. Azat ne yazık ki, yalan söylemeye asla müsait olmayan beynini kullanıp, Sonsuz'un kendilerine gelmesini sağlayacak bir bahane bulamamıştı. Arkadaşının uzaklaşmasını endişeli gözlerle izleyen Sonsuz'un omuzları düşmüş, suratı asılmıştı. Resul Bey buna da bir kulp bulmuştu.

"Size de koskoca gün yetmiyor be oğlum. Şu suratının haline bak. Sabaha ne kaldı şurada? Yarın nasıl olsa yine, İzmir kazan siz kepçe dolaşır durursunuz"

İçeri girdiklerinde Esin Hanım çoktan ortalığı toplamaya koyulmuştu bile. Fulya, evdeki iş bölümünden hoşnut olmadığından, aklınca kurnazlık edip, kedisi Atom'un uykusu geldiğini söyleyerek odasına çekildi. Sonsuz da, aynı şeyi yapacakken Esin Hanımın eyvah diyen sesiyle irkildi. Elindeki uzun siyah şey sallanıp duruyordu.

"Görüyor musunuz? Adamcağız tespihini unutmuş"

Sonsuz'un gözleri parladı. Zira Azat'ların evlerine gitmesi için şahane bir mazeret doğmuştu. Annesini etkilemek için yanına yaklaştı ve yalancıktan tespihi inceler gibi yaptı. Sesine heyecan katarak:

"Hem de en sevdiği tespih... Valla ben size söyleyeyim, Mustafa amcanın namaza bu tespih olmadan oturduğunu gören daha olmamıştır."

Esin hanım, oğlunun sözlerinde hiçbir kinaye düşünemediğinden, açık gönüllülükle inanmıştı ona.

"Deme?"

"Ya! Ben hemen bir koşu yetiştireyim. Sabah namazında boş yere aranmasın"

Resul bey göz ucuyla Sonsuz'a bakıyordu. Kapıdan çıkmadan tembihledi:

"Anahtarını yanına al, kimse sana kapıyı açmaz. Herkes uyuyacak... Hem, kim bilir ne zaman gelirsin oradan. Malum, Azat'ı bulunca ikinci bir kongre yaparsınız gene. Ne de olsa yarın tatil. "

Sesini bile çıkartmamıştı Sonsuz. Bulunmaz bir nimetti elindeki tespih. Kapıdan çıktığında, gözlerini kapatıp derin bir nefes aldı.

"Oh!"

Gözlerini açtığında ise Peri, erkek gibi kestiği saçlarıyla ve elinde yine çağ öncesi kıyafetleri koyduğu bir bohçayla, hortlak gibi dikilmişti karşısında.

"Neden şaşırdın? Her halde oraya yalnız başına gitmene izin vereceğimi düşünmüyordun öyle değil mi?"

"Şu elindekileri bir poşete koysan olmaz mıydı?"

"Eskiden poşet mi varmış. Görmedin mi, Osmanlı'da herkesin omuzunda ya bir heybe ya bir bohça vardı."

"Vallahi Peri, hayranım senin şu tek görüşte yaptığın tespitlere... Allah vere de, Mustafa amca cebindeki kilidi fark edip kurcalamaya kalkmasa. Yoksa gider de, geri dönmez maazallah..."

Hem telaşla yürüyorlar, hem de bu ihtimalin gerçekleşmesi endişesiyle birbirlerine bakıyorlardı.

"Belki de, hızlanmalıyız" dedi Sonsuz.

Arka arkaya geçtikleri sokaklar bomboştu. Neyse ki, bir iki ev sonra Azat'ları yakalamış olacaklardı. Tahmin ettikleri gibi de oldu. Mustafa amca evlerinin önünde ceplerini karıştırıp evin anahtarını arıyordu.

"İşte şimdi yandık!" dedi Peri.

Azat ise yolda gelirlerken, defalarca babasının arka cebindeki kilidi almaya çalışmış ama bir türlü başarılı olamamıştı. Korkulan oldu, maalesef ki, evin anahtarı da, bisiklet kilidi gibi Mustafa amcanın arka cebinde duruyordu. Şalvarının yan ceplerini defalarca kurcaladıktan sonra arka cebine yöneldi. Eline önce bisiklet kilidi, ardından da, anahtar ilişti. İkisini de sokak lambasının ışığında seçmeye çalıştı. Anahtarı tanıyordu tanımasına ama diğer kilit de neyin nesiydi?

"Hanım al sen hele şu anahtarı, aç kapıyı" demişti ki, Sonsuz caddenin diğer ucundan seslendi:

"Mustafa amca!"

"Ya havle, Sonsuz ne arıyor şimdi burada? Yanındaki oğlan da kim?"

Allah'tan gözleri Peri'nin kız olduğunu seçemiyordu. Zaten o da saçlarını kısacık kestikten sonra, erkek çocuğuna daha çok benzer olmuştu.

"Mustafa amca tespihin... Tespihini unutmuşsun"

Güllü Hanım kapıyı açıp içeri girmişti.

"Siz gelmeyecek misiniz?" diye sordu.

"Yok, hanım... Baksana tespihimi unutmuşum. Getirdi çocuklar sağ olsun. Şimdi bu vakit onları eve yalnız yollamak olmaz."

"Eh, sen bilirsin bey. O zaman anahtarı yanınıza alın. Sonra kapıda kalmayın."

Güllü hanım kapıyı kapatır kapatmaz, Mustafa hoca yanına yaklaşan Sonsuz'dan çok sevdiği siyah akik tespihi aldı. Şalvarının yan cebine koydu. Neyse ki, tespih artık emniyetteydi, fakat diğer elinde tuttuğu bisiklet kilidine anlam veremiyordu.

"Yahu çocuklar, bu da nereden çıktı anlamadım" diyerek hararetli bir incelemeye başladı. O inceledikçe çocukların içi gidiyordu. Mustafa amca kilidi tıkır tıkır döndürüyordu. Gün ay derken, artık son turu yani seneyi belirleyen rakamları çevirmekteydi. Üç arkadaş, Mustafa amcanın turu tamamladıktan sonra ışık hızıyla ortadan kaybolacağını anlamışlar hepsi bir ağızdan dur yapma diyerek üzerine çullanmışlardı. Üzerlerini, göz açıp kapayıncaya kadar ki kısacık bir zaman içinde o malum parlak ışık kaplamış ve onları kaptığı gibi yine aynı hızla ortadan yok olmuştu. Bu olayı gören birileri olsa, şüphesiz ki, Mustafa hocanın evinin önüne nur indiğini zannederdi. Sokak, tanıklık ettikleri bu olağanüstü olayın sırrını yüklenerek, güneşin ilk ışıklarına kadar sürecek olan derin bir sessizliğe gömüldü. Güllü hanım, kocasının istediğini yapmış, huzur dolu yatağında kıvrılarak, hafif horultularla uyuyakalmıştı.

Mustafa hoca gözlerini kamaştıran ışık tünelinin içinden geçerken, korkudan mı, şaşkınlıktan mı, hayranlıktan mı olduğu bilinmez bildiği bütün duaları bağıra bağıra okumaya koyulmuştu. Sonsuz, elinde sıkı sıkıya tuttuğu kilidi tüm gücüyle asılıp ondan aldı. En azından Mustafa amcanın bir dahaki sefere rast gele çevirip, kendilerinden habersiz başka bir boyuta geçmesi böylece engellenmişti. Işıklı tünelin içinde yol aldık sıra, herkes sersemliyor, kendilerini şuursuz bir savruluşa teslim etmekten başka bir şey yapamıyorlardı.

Neyse ki, bu durumun da sonu geldi. Dördü birden ışık kümesinin enerji biriktirip, patlarcasına parlayıp sönmesiyle dut gibi yere döküldüler. Güneş tepelerinde ışıldadığına göre öğlen olmalıydı. Ortalık hayli sıcaktı. Mevsimlerden yaz aylarıydı. Taş bir binanın arkasına düşmüşlerdi. Gördükleri kadarıyla etraf hayli yeşillikti. Daha da dikkatlice baktıklarında, bu yeşilliğin rast gele olmadığını, özel bir nizamla var edildiğini fark ettiler. Üstelik ulu ağaçların altında patikayı andıran çakıllarla döşenmiş yol kenarlarında yoğun mersin çalılıkları, onların hemen önünde birbirinden güzel, sümbüller, zambaklar, menekşeler bulunuyordu.

"Burası neresi acaba?" diye sordu Azat.

Mustafa hoca ağrı giren başını okşuyor, gözlerini ovuşturuyor olan bitene anlam yüklemeye çalışıyordu.

"Ya Rabbim! Sen aklımı koru. Hafızamı mı kaybettim? Rüyada mıyım? Yoksa öldüm de cennetine mi düştüm?"

Çocuklar onun bu sözleri karşısında gülmemek için kendilerini zor tuttular. Sonsuz elindeki kilide şöyle bir baktı. Sene 1444 idi. Durumu arkadaşlarının kulağına usulca fısıldadı.

Yine Fatih Sultan Mehmet dönemine düşmüşüz.

"Şansa bak ya!" dedi Azat.

Sonsuz, sesinde memnunluk mu yoksa memnuniyetsizlik mi olduğunu kestirememişti.

"Dinazorlar dönemine gitmekten iyidir her halde"

Mustafa amca, düştüğü yerden toparlanmış, sağındaki solundaki tozu toprağı üzerinden atmış kendi kendine söyleniyor:

"Bu olanlara inanamıyorum, daha biraz önce bizim evin önünde değil miydik? Bu bir rüya olmalı. Evet, evet ben kesinlikle ilginç bir rüyanın içindeyim. Yoksa yine o psikojenik füg rahatsızlığını mı yaşamaktayım. Buraya nasıl geldik biz? Allah'ım sen aklımı koru." diyerek kendini sakinleştirmeye çalışıyordu.

Mustafa amcanın durumu hakkında yapılacak pek bir şey yoktu. Vaziyeti nasıl algılıyor ise öylece bırakmalıydılar onu. Çok geçmemişti ki, yine kendi kendine çözümler bulmak için uğraşmaya başlamıştı.

"Bir bisiklet kilidi vardı elimde. Sonra olan oldu. Hepimiz kaybolduk. Sahi nerede o kilit?"

Bulundukları yerden hemen gitmek kolay olmayacaktı. Zira Mustafa amca vaziyeti hemen çözecek ve çocukların elinde böyle müthiş bir cihazın bulunduğundan haberdar olacaktı. Bunu bilmesi, Sonsuz'un, kuzen diye tanıttığı Peri'nin, evrenin başka bir boyutundan dünyaya geldiğini öğrenmesine kadar götürecekti meseleyi. Bunu hiç biri göze alamazdı.

Çocuklar delirmişçesine sürekli kendi kendine konuşan Mustafa amcanın bu gidişatına dur demeleri gerektiğinin farkındaydılar. Belki kafası biraz daha karışacaktı ama ona bir bisiklet kilidi sayesinde buralara kadar geldiğini izah etmenin kimseye faydası yoktu. Bu nedenle duruma el koyan Sonsuz açıklama yaptı:

"Bisiklet kilidi mi? Biz öyle bir şey görmedik Mustafa amca. Yanılıyor olmayasın sakın?"

Zavallı adamcağız, buralara nasıl düştüğüne mi yansın? Yoksa hafızasının gidip gelmesine mi?

"Çıkamadım işin içinden" diye sızlandı üzgün sesiyle.

Onun bu halini görüp de, omuzuna dokunup teselli etmeden olmazdı.

"Boş ver baba. Bak hep beraberiz, kaybolmadın sen.

Yanında olacağız hep ve evin yolunu birlikte bulacağız tamam mı?"

Din adamı olduğu için Allah'ın hikmetinden sual edemeyen Mustafa amca çaresiz bir kabullenişle çocuklara uymaya karar verdi. Gözü Peri'ye takılmıştı.

"Sen kimsin evladım?" diye sorunca imdada yine Sonsuz yetişti.

"Daha önce söyledim ya! O benim kuzenim Mustafa amca"

"Okulu yok mu bu oğlanın?"

Ah! Dedi içinden Sonsuz. Bir de Peri'nin kız olduğunu bilse.

"Yok... Bu yıl üniversite sınavına girecek ona hazırlanıyor."

"Yahu biz sizin evde değil miydik? Bu oğlancık neredeydi o zaman?"

"Of baba ya! Of... Bırak Allah'ını seversen. Bak neredeyiz daha bilmiyoruz bile" dedi Azat. Onun bu sözleriyle olan bitene anlam yüklemeye çalışmaktan hepten vazgeçti Mustafa amca.

"Ne yapacağız şimdi?" diye sordu Peri.

"Etrafı bir kolaçan edelim ama hep birlikte değil. Tek tek" diye yanıtladı Sonsuz. Perinin elindeki poşeti kaptığı gibi taş duvarın kuytuda kalan farklı bir köşesinde üzerini değişti. Döndüğünde, aynı şeyi Azat'ın yapması için işaret verdi. Biraz sonra yanlarına gelen Azat telaşlıydı.

"Hayırdır ne oldu?" diye sordu Sonsuz.

İşaret parmağını dudaklarının üzerine getirerek eliyle sus işareti yapıyor, yere çömelmeleri için telkinde

bulunuyordu. Hepsi birden Azat'ın söylediğini yaptı.
Yol kenarındaki tıraşlanmış yoğun mersin çalılıklarının
arkasına sindiler. Çok geçmeden önlerinde kalabalık
bir gurup durdu. Çalılıkların izin verdiği kadarıyla
yüzlerini seçmeye çalıştılar. Saray eşrafından
kişilerdi bunlar. Zira kılıkları kıyafetleri, köylülere
nazaran pek yerindeydi. İçlerinden aksakallı yaşlıca
olan biri, sağında duran heybetli askerle hararetle
konuşmaktaydı.

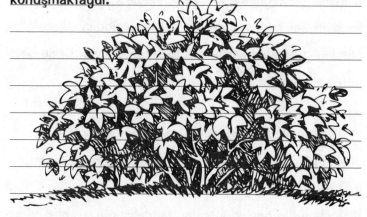

" Hiç iyi yapmadı hünkârımız, koskoca Osmanlı tahtı,
on iki yaşında bir çocuğa bırakılır mı hiç? Düşmanını
sevindirir gibi... Cihanda bir eşi daha görülmemiştir
bu olayın. Sen kalk, daha ruhani bir hayat süreceğim

diye henüz kırk yaşında, sapasağlamken, elin ayağın tutuyorken, tahttan çekil. Bu durum Macar kralı Ladislas'ın kulağına gider gitmez haçlı ordularının iştahı kabaracaktır. Batıyla savaşa girmemek için verdiğimiz onca emek bir çırpıda heba olmasa bari..."

"Halil Paşam, böyle elimiz kolumuz bağlı mı oturacağız peki?" diye sordu içlerinden cüssesi kof biri. Heybetli olanı ise bir eliyle sakalını düşünceyle sıvazlıyor, arada bir tecrübeli paşanın yüzüne bakıp, ağzından çıkacak cümleyi merakla bekliyordu. Susmuştu paşa. Derin bir nefes alıp verdi.

"Şu tahta çıkış merasimini bir atlatalım hele. Ben vaziyetin iyiye gideceğini pek zannetmiyorum. Aramızı iyi tutmaya çalıştığımız düşmanlarımız, tez vakitte II. Mehmet'in çocukluğundan faydalanıp üzerimize çullanacaklardır. Lakin gidişatı gözden geçirirken, aceleci davranmamakta fayda var"

"Ama ya aramızdaki anlaşma? II. Murat tahtan

çekilmeden önce uslu durmaları için onlarla hatırı sayılır bir anlaşma yaptı. Anlaşmayı da hiçe sayacak değiller ya paşam?" dedi cüssesi iri, yüzü sakallı olanı.

"Bak Koca Hıdır, su uyur, düşman uyumaz. Ne kadar haklı olduğumu göreceksiniz ileride" dedi Paşa.

Duyduklarına inanamıyorlardı. Kalabalık önlerinden akıp gittikten hemen sonra kafalarını mersin çalılıklarının arkasından çıkarmışlardı.

Sonsuz: "Çandarlı Halil Paşaydı konuşan. Yanındaki de Koca Hıdır olmalı. Cengâver bir yeniçeriyken şimdi II. Murat'ın sağ kollarından biri olmuş. Tarihi bir makalede okumuştum; Türkler ne zaman yabancı toprakları fethetse ve üzerindeki halkı esir alsa, Osmanlı Sarayı'nın vergi memurları halkı tek tek ziyaret eder, uygun gördüğü erkek çocuklarını yeni çeri ocağına seçerek, karşılığında ailelerine bir avuç altın verirlermiş. İşte bu çocuklardan gözü pek, güçlü kuvvetli ve akıllı olanlar yeniçerilikten sıyrılıp daha üst mevkilerde görevler alırmış. Kara Hıdır'da onlardan biriymiş. Çok güzel ok kullanır, vurduğunu devirirmiş. Fakat duruma bakılırsa Çandarlı Halil Paşa'nın ve beraberindekilerin şehzade II. Mehmet ile arasının pekiyi olduğu söylenemez"

Azat söze karıştı: "Nasıl söylensin? Daha geçen yıl Akşemsettin Hazretlerine neler yaptığını hepimiz gördük. Zeki ama çok başına buyruk bir çocuk II. Mehmet. Hatta yaramazlıkta sınır tanımayan biri..."

Mustafa amca: "Allah'ım sen aklımı koru. Bizim oğlan geçen yıl II. Mehmet'i gördüğünü söylüyor" diye mırıldandı.

Sonsuz hala kendine gelemeyen Mustafa amcayı umursamaksızın kafasındaki düşünceyi açıkladı:

"Yok, onunla pek alakası olduğunu sanmıyorum. II. Mehmet gözü kara biri, korkusuz, mükemmeliyetçi. Çandarlı Halil Paşa ise pek savaş yanlısı bir sadrazam değildi. II. Murat gibi müşfik, dünya malında gözü kalmamış, iç dünyasıyla meşgul, yumuşak huylu bir padişahla çalışmayı daha çok tercih ediyordu. Şehzade II. Mehmet'ten önceki oğulları Ahmet ile Alâettin Ali'nin öldüğünü nasıl unutursunuz? Bütün dünyası kim bilir ne feci başına yıkıldı II. Murat'ın. Zaten, Hacı Bayram Veli gibi yüce bir âlim ile kurduğu dostluk, kendisini ebedi hayata daha çok yönelmeye itmemiş miydi? Ya kendi aralarında sürekli didişen devlet adamlarına ne demeli. Az mı yıprandı padişah bu meselelerden? "

Sözünü henüz tamamlamıştı ki, yanlarına, giderek yükselen sesiyle mehter takımı yaklaşıyordu. Yeniden eğildiler. Gümbürtülerle ve insanın tüylerini diken diken eden makamıyla tören alanına yönelen mehter takımı da geçip gitmişti önlerinden.

"Burada böylece kalamayız. Yoksa yakalanıp sual ediliriz" dedi Peri.

Azat: "Ne yapmayı düşünüyorsun peki?"

Sonsuz, bu soruyu Peri'nin yanıtlamasına müsaade etmeksizin: "Tabii ki, tahta çıkış merasimi için davetlilere hizmet eden uşaklar olmayı" dediğinde, herkes yüzünü buruşturmuştu. Fikrini beğenmeyen arkadaşlarına dönüp:

"Daha iyi bir fikriniz varsa buyurun siz söyleyin" diyerek düşüncesinin arkasında durdu Sonsuz. Bir iki saniyelik akıl yoklamasından sonra, kimseden daha parlak bir fikir çıkmadığından, vakit kaybetmeden kalabalığa karışıp saray mutfağının yolunu tuttular. Bulundukları yer, Edirne sarayı idi. Padişah II. Murat, oğlu şehzade II. Mehmet'in yani Fatih'in ilk tahta çıkış törenine katılmamış, yorgunluğunu bahane ederek Bursa'daki sarayda istirahate çekilmişti. Dahası burada da çok kalmayacak, uzun süreliğine Manisa'daki Saray-ı Amire'de arzu ettiği şekilde tamamiyle ibatede yönelerek yaşamaya başlayacaktı.

***

Sonsuz, bisiklet kilidini koyduğu cebinin delik olduğundan habersizce yürümekteydi. Mutfağa giden kestirme yolu kullanmak için önlerine çıkan her mersin çalılığının üzerinden atlayarak geçmek zorundaydılar. İşte bu atlayışlardan birinde, delik cebinden bacaklarına doğru bir şeyin süzüldüğünü fark etti. Önce irkildi. Ne olabileceğini düşünmeye çalıştı sonra mersin dalına asılı kalan kilidi görünce rahatladı. Tam elini uzatıp alacaktı ki, dibine kadar sokulan bir kerkenez(*) ondan önce davranarak başını kilide geçirdiği gibi gökyüzüne havalandı. Büyük bir talihsizlikti bu. Ortalığı ververeye vermeden Azat'a yaklaştı, omuzuna dokunup ona, gökyüzünde boynunda bisiklet kilidiyle uzaklaşan kerkenezi gösterdi. Azat'ın gözleri yuvalarından fırladı. Kekeleyerek: "Nasıl? Nasıl oldu bu Sonsuz?"

"Cebim delinmiş, düştüğünü hemen fark ettim ama tam alacaktım ki, kuşun keskin sortisi onu almamı engelledi. Her şey bir anda olupbitti, nasıl olduğunu ben bile anlamadım"

* Kerkenez: Yüksek kayalıklarda yaşayan, keskin gözlü, uzun pençeli et ile beslenen yırtıcı bir kuş.

"Şimdi ne yapacağız?"

Peri olanları hissetmişti. Arkasında fısıldaşan arkadaşlarına dönüp:

"Eğer, o kuşu bulup kilidi geri almazsak, bir daha asla geri dönemeyiz farkındasınız değil mi?" dedi kaşlarını çatarak. Azat ile Sonsuz, dut yemiş bülbül kadar suskundular. Neden sonra:

"Babamın yanımızda olduğu yetmezmiş gibi bir bu eksikti." diye hayıflandı Azat.

Kuşun kilidi boynundan düşürüp, iyiden iyiye kaybetmemesi için dua etmekten başka yapılacak ufacık bir şey dahi yoktu. Mutfağa giden yol üzüntü ve telaş içinde çabucak bitmişti. Sarayın içindeki koridoru kullanıp yol almak tehlikeli olacağından, mutfağın direkt bahçeye açılan kapısına yanaştılar. Belinde önlük olan şişman biri gözlerini fal taşı gibi açmış onlara sesleniyordu.

"Nerede kaldınız be ya?"

Bizi birine mi benzetti acaba diye birbirlerine bakıp dururlarken, adam yardımcısının elindeki koca tepsiyi göstererek:

"Yemekler soğumadan alın bunları hemen şehzademizin sofrasına ikram edin. Acele edin hadi hadi..."

Her biri mutfaktan kendilerine uzatılan tepsilerden birer tane kapmış, gerisin geri tören alanına yönelmişlerdi. En önde Sonsuz, onun ardında Azat ile Peri, en arkada ise olan bitene hala anlam veremeyen Mustafa amca vardı. Mutfakta görevli çömez bir yamak da onlara klavuzluk etmekteydi. Geleneklere göre cülüs(*) töreni yeni padişah meydanda kendisi için kurulan tahta oturmadan başlamış sayılmazdı. O henüz görünürlerde yokken tüm sofralar donatıldı. Tuttukları tepsideki türlü çeşitteki yemekleri sofraların boş görünen yerlerine serpiştirdikten sonra isminin Ali olduğunu öğrendikleri yamak:

* Cülüs töreni: Osmanlı İmparatorluğunda yeni padişahın, tahta çıkma töreni.

"Başka taşınacak şey kalmadı. Biz de kalabalığa karışıp şehzademizi karşılayalım" dedi. Zaten herkes yeni padişahın geçeceği yolda birikmişti. Yolun her iki tarafında dizili kalabalığı medrese öğrencileri ile halk oluşturuyordu. Herkesin yüzünde neşeli gülümseyişler belirmişti. Etraf, kuş cıvıltısını andıran heyecanlı sohbetlerle çınlıyordu. Kimin ne söylediği anlaşılmasa bile, bu uğultulu, keyifli yaygaraların tek konusu şehzade II. Mehmet'in törene nasıl

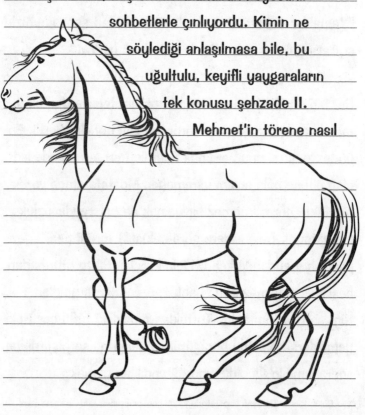

hazırlandığı, neler giyindiği, hangi atın üzerine bindiği gibi konulardı. Aslında cülüs merasimi Osmanlı tarihinde resmi olarak, ilk defa şehzade II. Mehmet'in, yani gelecekte Fatih adıyla anılacak olan Fatih Sultan Mehmet'in oğlu II. Beyazıt için düzenlenmiş ve o tarihten sonra da, tahta çıkacak her şehzade için düzenlenmesi gelenek haline gelmişti. Gördükleri manzaraya bakılırsa, şehzade II. Mehmet'in de tahta pek sessiz sedasız çıktığı söylenemezdi. Lakin her halde oğlu II. Beyazıt için yapılan dillere destan tören şu meydanlık yerdeki merasimi gölgede bırakmış olsa gerek ki, gelenek onun tahta oturmasıyla kimlik kazanmıştı. Sonunda beklenen an gelmişti. II. Murat'ın hayatta iken tahttan çekilmesiyle Osmanlı'nın idaresini devralacak olan haşarı şehzade II. Mehmet'in kılıç kuşanma işlemi, peygamberler soyundan gelen eşraf tarafından tamamlanmıştı. Altın maskeli, gösterişli beyaz bir atın üzerinde tüm heybetiyle halkın arasından geçmekteydi. Başı dik, duruşu mağrurdu. Biraz önce kalabalıkta her kafadan bambaşka sesler çıkarken, şimdi aynı kalabalık ağız birliği yaparak "Aleyke

avnullah!" diye haykırıyordu. Bu; " Allah'ın yardımı
üzerine olsun" demekti. Herkes yeni padişahı saygıyla
selamlıyor, önlerinden geçmesini hürmetle izliyordu.
Şehzade II. Mehmet'in atının yanında yürüyerek eşlik
eden iki önemli lalası Zağanos ağa ile Şehabettin'in
yüzlerindeki keyifli ifadeye diyecek yoktu. Merasim
taburunun arkalarında ilerleyen yaşlı ve tecrübeli
vezir Çandarlı Halil Paşa, tahtın yeni sahibinin çocuk
yaştaki şehzade II. Mehmet'in olmasına, belli ki çok
içerlemiş, yüzünden düşen bin parça olmuştu. Buna
karşın, onca yıllık siyasi deneyimlerinden güç alarak
hissiyatını ele vermemeye gayret ediyordu. Zira çok
iyi biliyordu ki, devletin başına itaatsizlik etmenin
cezası kelleyi koltuğunun altına almaktı. Biraz da bu
durumun verdiği korkudan olsa gerek, genç şehzadenin
arkasında el pençe divan durmuştu. Koca Hıdır,
Halil Paşanın hissiyatından haberdar olmanın verdiği
tedirginlikle, tören kafilesini tek tek gözden geçiriyor,
insanların kalplerini yüzlerinden okumaya çalışıyordu.
Yolun sonuna gelindiğinde, Mehter takımı susmuş,
II. Mehmet, tırıs giderken, pehlivanlar gibi kuvvetli

kaslarının güzelliği ortaya saçılan beyaz atından aşağıya inmiş, altın işlemeli, kızıl kadifeden yapılma tahtına oturmuştu. Bir yanında Zağanos ağa, diğer yanında ise Şehabettin ağa vardı. II. Mehmet, Çandarlı Halil Paşanın bu duruma içerlediğini hissetmiş olacak, eliyle Zağanos ağanın yanında yer alması için işaret verdi. Zağanos ağa Çandarlı'nın yaşına başına hürmet göstererek hafifçe geri çekildi. Meydanda toplanan herkes, nefeslerini tutmuş, padişahın ağzından çıkacak sözleri bekliyordu. Sonunda beklediklerine değdi. Çandarlı Halil Paşa'nın hafifçe eğdiği kulağına müjdeyi verdi.

"Kullarımın, bahşiş ve terakkileri makbulümdür, verilsin"

Bu sözler üzerine Halil Paşa başıyla padişahı onaylayarak, gözlerini bir an olsun üzerinden ayırmayan kıdemli yeniçeri subayına işaretini verdi. Gözlerini bir kez açıp kapatmaktan öteye gitmeyen bu işaret, yeni padişahın ikramı olan, halka ve askerlere dağıtılması emredilen cülüs bahşişinin onayıydı. Sevince boğulan asker ve Osmanlı eşrafının ağzından aynı anda etrafa yayılan:

"Padişahım çok yaşa" sözleri yükseliyordu.

Meydan, adeta düğün alayına dönmüştü. Sofralara oturulmuş, saray mutfağının en gözde yemekleri, özellikle kuzu çevirmeler, halk ile buluşmuş, bitmek tükenmek bilmeyen şerbetler, meyveler iştahla midelere indirilmişti.

Sonsuz ve beraberindekiler berbat geçen günlerine karşın, yedikleri güzel yemeklerle biraz olsun kendilerine gelmişlerdi. Şehzade II. Mehmet sanki karnını doyurmaktan ziyade halk ile kaynaşmak için oturmuştu sofraya. Önündeki tepsiden bir iki lokma alıp, yanındaki devlet eşrafıyla yaptığı kısa sohbetin ardından ahaliyi sağ elini havaya kaldırarak ve başı ile selamlayarak geldiği gibi sarayın yolunu tuttu. Bu sırada kıtlıktan çıkmış gibi yemeklere saldıran ve birkaç dakika içinde karnını doyuran herkes sofradan kalkıp bir başkasının oturması için yer açma telaşındaydı. Padişahın hareketlendiğini görenler meşguliyetleri ne olursa olsun el pençe divan durarak(*) yeniden "Aleyke avnullah!" diye bağırmaktaydılar.

Atının üzerinde, gururla kalabalığın arasından süzülen Şehzade II. Mehmet, oturduğu tahtın hakkını verecekmiş izlenimi uyandırmaya, halkın güvenini kazanmaya gayretli görünüyordu. Törenden sayılmasa da, tahta oturuşunda mütevazı bir heybet sergilenmişti. Küçük yaşta devletin başına geçme sorumluluğunu almış olmaktan korkmayan keskin bakışlı gözleri zeytin gibi parlıyordu. Yeni padişahın gözden kaybolmasıyla Sonsuz, Mustafa amca, Peri ve Azat dertleriyle baş başa kalmışlardı. Yine kalabalıktan faydalanarak saraydan ve çarşıdan uzak sessiz bir köşeye çekildiler. Mustafa amcanın dışında herkes bisiklet kilidinin derdine düşmüştü. Ona duyurmadan fısıldaşarak konuyu dile getirdiler.

---

* El pençe divan durmak: Saygı gösterilen kişi karşısında el kavuşturup ayakta durmak.

"Eğer o kuşun yuvasını bulamazsak bu mahvolduğumuzun işaretidir" dedi Sonsuz.

Fikre kimse itiraz etmiş görünmüyordu.

Mustafa hoca delirmiş gibi etrafına bakıyor;

"Yüce Allah'ım bu bir rüya ise ne olur uyandır beni. Affına sığınıyorum" diyerek el açıp dua ediyordu. Haline içerleyen Azat, arkadaşlarından sıyrılarak babasının yamacına oturdu. Eliyle omuzuna dokunarak:

"Baba lütfen! Yapma böyle..."

"Nasıl yapmayayım oğul? Delirdim her halde. Elim ayağım capcanlı, gözlerim cam gibi... Rüya desem rüya değil, kâbus desem kâbus değil? Cennet midir? Cehennem midir? Ta, Şehzade II. Mehmet'in zamanına nasıl geldik biz? Neye bastık? Nereye saptık da düştük bu hengâmenin içine?"

Mustafa amca isyanlardaydı. Bu duruma el koymazlarsa, başlarındaki dert hiç yoktan ikiye katlanacak gibi görünüyordu. Sonsuz onun inançlı bir insan olmasından yola çıkarak hoşuna giden telkinlerde bulunmaya çalıştı.

" Mustafa amca, sen hep söylemez misin? Allah sevdiği kullarını sınar diye. Bu da bizim sınavımız olsa gerek. Üzme kendini, karşına ne çıkıyor ise mücadele et. Bak bizler de yanındayız." dedi ona.

Sessizliğe gömülmüştü adamcağız. Önüne eğdiği başını kaldırdı. Etrafına şöyle bir baktı. Gözyaşları gözlerini dolduruyor, fakat akıpla akmamak arasında buğulu bir camı andırıyordu. Yanaklarına süzülmesine izin vermeden koluyla tüm yüzünü sildi. Derin bir nefes aldı. Eskiden çocuklar, aileleri çiftçilikle uğraştığı için ev ve bahçe işlerinde, hayvan haşatın bakılmasında çok daha fazla sorumluluk sahibi olurlarmış. Bu nedenle yaramazlık yaptıklarında büyüklerinden çok dayak yerlermiş. Mustafa amca da, şu haliyle, o çocuklardan birine benziyordu. Üstelik hali daha bile acınacak vaziyetteydi. Zira suçu işlemediği halde kabahat üzerine kalmış ve sebepsiz yere o dayağı yemiş kadar zavallı görünüyordu.

***

Aradan günler hatta haftalar geçmişti. Ekim ayının sonlarıydı. Neredeyse iki aya yakın bir süredir Edirne sarayının mutfağında çalışıyorlardı. Buna mecburdular. Evlerine dönebilmeleri için ne yapıp edip kerkenezin kaçırdığı kilidi bulmaları gerekiyordu. Bu nedenle, gün ikindiye varınca, mutfaktaki görevleri bittikten sonra, Mustafa amcayı kendilerine ayrılan odada dinlenmeye bırakıp, hava kararana değin Edirne'nin ne kadar yüksek tepesi, kayalığı var ise tırmanıp, kilidin izini sürüyorlardı. Belki onlarca kerkenez yuvasına rastlamışlardı ama ne yuvaya giden yollarda, ne de yuvaların içlerinde buradan kurtulmalarını sağlayacak kilitten eser yoktu. Hatta Peri bile, sık sık gözlerini kapatarak altıncı hissini devreye sokup canhıraş arkadaşlarına umut dağıtmaya çalışsa da, pek başarılı olduğu söylenemezdi. Ne zaman gözlerini kapatsa, Sonsuz ile Azat çıtlarını çıkartmadan onun çevreyi dinlemesini ve gözlerini açmasını sabırla bekliyorlardı. Ellerinde avuçlarında hiçbir şey yoktu. Her akşam umutları kırılmış halde dönüyorlardı Mustafa amcanın yanına. Günler geçtikçe Mustafa amca bundan önce farklı bir hayatı yokmuşçasına uyum sağlıyordu taş duvarlarla örülü odasındaki hayatına. Mutfak işlerine eli pek yatkın olmadığından ve atları çok sevdiğinden yeni görev yeri atların bulunduğu haralardı. Şehzade II. Mehmet'in tahta çıkma telaşesi arasında kimse onlara kim olduklarını, daha önce nerede yaşadıklarını sormamıştı. O gün için mutfakta fazladan işçiye ihtiyaç duyulması hayatlarını kurtarmıştı. Mutfağın gurmesi (*) saraya her gün iş bulmak için yamanan insanlardan olduklarını düşünerek, çalışkanlıklarını göz önünde tutup kalacakları odanın tahsisinde büyük pay sahibi olmuştu. Bu nedenle hepsinin koca göbekli kaytan

---

* Gurme: Yemekten ve içeceklerden anlayan bunların tadına varabilen kişi.

bıyıklı gurmeye hürmeti su götürmezdi.(*) Osmanlı imparatorluğu çok uluslu bir yapıya sahip olduğu için, renkli bir toplumdan oluşuyordu. Üstelik bu ahaliye ticaret gemileriyle, Hıristiyan kökenli batının zulmünden kaçıp Osmanlı'ya sığınan çok sayıda Musevi vatandaşı da dâhil idi. Bu curcunalı kalabalık yüzünden işler bazen Allah'a emanet yürüyordu. Gerçi saraya yabancı sinek dahi giremezdi ama bu kez belki de, padişah II. Murat'ın sağlığında tahtan çekilmesi, ülkede husule gelen hengâmelere nazaran daha emsalsiz bir mesele haline geldiğinden olsa gerek, kimse sarayın başka boyuttan gelme garip misafirlerini umursamıyordu. Mustafa amca gözünü açar açmaz harada atların yanında alıyordu soluğu.   II. Murat'ın fevkalade güzel bir atı vardı. Türkmen soyundan gelme bir attı. Cinsine Ahal Teke diyorlardı. Gölgede bile saten kumaşlar gibi parıldayan tüyleri vardı. Uzun bacaklıydı. Kuyruğu, genç ve güzel köylü kızlarının tülbentlerinin altından bellerine kadar sarkan saçları gibi gür ve ipeksiydi. Pembe burunlu, ahu bakışlıydı. Mercan dişliydi. Eyer

* Su Götürmez: Kesin, başka bir yoruma açık olmayan.

vurulduğu vakit üzerine binebilen tek kişi sahibi II. Murat'tı. Bahsettiklerine göre adeta cennet atlarına benzeyen bu at, dört dörtnala koşmaya bir başladı mı yer sarsılır, geçtiği yerlerde yıldırım gibi aniden beliriverir ve gözden kaybolurdu. Tıpkı herkes gibi Mustafa amca da, bu ata kısa sürede hayran olmuştu. Tedirginliği ve sahibine olan sadakati yüzünden en ufak bir çıtırtıda sergilediği hırçınlığı nedeniyle, daha önceki bakıcıları hayvanın dibine kadar yanaşamazlardı. II. Murat saraydan ayrılırken onu yanına almamıştı. Sık sık yüzünü görmeye, sesini duymaya alıştığı sahibinin hasretini, davranışlarına yansıtan duygusal bir attı. Mustafa amca nasıl ettiyse, atın bu hırçınlığını dostluğa çevirmeyi başarmıştı. Şimdi sarayda herkes ondan bahsediyor, en baş edilmez atları nasıl yola getirdiği hakkında efsanevi hikâyeler uyduruyorlardı.

Kimine göre Mustafa amca efsunluydu.(*) Hayvanlarla kendi arasında gizli bir dili vardı. Onlara bakışlarıyla hükmedebiliyordu. Kimine göre ise okumaktan asla vazgeçmediği ve sık sık diline doladığı duaların gücüyle yapıyordu bu işi. Evet, Mustafa amca mesleğini çok seven iyi bir din adamı olduğundan, hayatında duaların ayrı bir yeri ve önemi vardı. Çoğu insan, onu boş vakitlerinde olsun, bir ağacın altında gözlerini kapatıp dinlenirken olsun, hatta gündelik işleriyle meşgulken bile, dilinden düşürmediği dualarını işitmişti. Onun evvelden beri atlar ile arasının iyi olduğunu tek bilen kişi Sonsuz ile Azat'tı. Bu özelliği çocukluğunda ve gençliğinde atlarla olan yakın yaşantısından kaynaklanıyordu. II. Murat'ın Ahal Teke cinsi muhteşem atı Gümüş ile aralarındaki bağın esas kurucusu geçmişte yaşadığı deneyimlerden ibaretti. Az at binmemişti Mustafa amca. Bir ata hükmedebilmek için

* Efsun: Koruyucu özelliği olan bir çeşit kutsal güç.

o atla geceli gündüzlü yaşamak gerektiğini biliyordu. Dost edinmeliydi hayvanı, onunla konuşmalı, sırtını sıvazlamalı, yüzünü okşamalı, gözlerinin içine uzun uzun bakmalıydı bakıcısı.

Yine sıradan bir gün daha bitmişti. Sonsuz, Azat ve Peri elleri boş dönmekten bıksalar da, umutlarını kaybetmemek için birbirlerine söz vermişlerdi. Ne zaman ki, biri kerkenezin peşine düşmekten vazgeçecek, bir diğeri onu sil baştan yüreklendirecekti. Güçlü olan, zayıf olanı sırtlanacak, yollarına devam etmekten asla vazgeçmeyeceklerdi. Gel gelelim, baştan beri ben neredeyim, buralara nasıl geldik, rüyada mıyım yoksa yaşadıklarım gerçek mi diye kafasını yoran, beynini adeta eriten Mustafa amca halinden pek memnun görünüyordu. Hatta öyle ki, bu gün bisikletin kilidini bulup, Osmanlı döneminden ayrılsalar çok büyük bir hayal kırıklığına uğrayabilirdi. Diğer yandan sağda solda, ülkeyi endişeye boğan söylentiler yayılmaya başlamıştı. Halk işin aslını iyiden iyiye bilmese de, yeni padişah II. Mehmet'in ülkeyi yönetmesinde en büyük yardımcılarından olan Çandarlı Halil Paşa ile diğerlerinin sık sık divanda toplandıkları ve yolunda gitmeyen bir şeyleri konuştukları dedikodusu herkesin ağzındaydı. Sarayın üst mercilerinde gerçekleşen bu haraketlilik Sonsuz, Azat ve Peri'nin de dikkatinden kaçmamıştı. Söylentiye göre II. Murat yeniden tahta çıkması için geri çağrılmıştı. O akşam üç arkadaş, söylentilerden etkilenip, Mustafa amcanın uyuduğundan emin olduktan sonra, yataklarında birbirleriyle konuşmaya ve durum değerlendirmesi yapmaya çalıştılar.

"Yakında çok kötü şeyler olacak" dedi Sonsuz.

Azat: "Ne gibi?"

Peri de, henüz çık yoktu. Sonsuz'un başlattığı sohbetin nereye varacağını beklemeyi tercih etmişti.

"Tarih bilgilerini yoklasana Azat, yeni padişah hep tahtta mı kalacak sanıyorsun? Yakında Çandarlı Halil

Paşa ve adamları hakkından gelecek II. Mehmet'in. Bence işittiğimiz dedikodular doğru."

"Ne diyorsun?"

Bu soruyu sorarken, gözleri fincan gibi açılmıştı Azat'ın. Eğer bir kargaşa kopacaksa, bu kargaşanın tam ortasında kalmak işten bile değildi. Zira sarayın içinde yaşayan herkes oluşacak gerginlikten nasibini alırdı. Sonsuz konuşmasına devam etti.

"Konuyu bilmiyorsun anlaşılan. Olabilir, tarihi herkes sevmez. Ama bilmen gereken önemli bir husus var. II. Mehmet tahta çıktıktan kısa bir süre sonra Papa Anadolu'dan yükselen Müslüman halkın Avrupa'yı kasıp kavurmasına katlanamadığı için savaş ilan edecek. Zira II. Mehmet'in bu güne değin aldığı hiçbir ilmi ve teknik eğitime hürmet etmeyen Avrupalı liderler onun henüz çocuk olmasından cesaret alarak Papa'nın kışkırtmasıyla Varna üzerine yürüyüp Osmanlı ile savaşa girecek"

Susmuştu Azat. Olup bitecekleri gözünün önüne getirmeye çalıştı.

"Desene yakında kızılca kıyamet kopacak"

"Hem de nasıl..."

"Tüh tüh! Yandık desene..."

"Hayırdır niye sızlandın gene?"

"Neden olacak, kaçacak yerimiz mi var? Çandarlı Halil Paşa ile II. Mehmet'in dalaşını seyrederken bile insan ölüp ölüp dirilir."

Azat haklı diye söze karıştı Peri. Sonra ortalığı derin bir sessizlik kapladı. Sessizlik Mustafa amcanın ara sıra ıslıkla karışık horultusuyla bozuldu. Dolunayın izinsizce odaya sızan ışığı duvarda asılı kandilin tükenmek üzere olan cılız aleviyle oynaşıyordu. Üçü birden, yatağının içinde mışıl mışıl uyuyan ve dünyadan haberi olmayan

Mustafa amcanın huzurlu haline gıptayla baktı.

Sonsuz:

"Şimdi onun yerinde olmayı ne çok isterdim. Harada çalışmaya başladığından bu yana halinden pek memnun. Üstelik burası nasıl bir yer, en ufak bir fikri bile yok" dedi.

"Öyle haklısın... Ama eninde sonunda bu ortama veda edecek" diye ekledi Peri... Sonra yaşanabilecek olumsuzlukları düşünüp:

"Kilidi bulamazsak yandık. Ama bulur bulmaz yapacağımız tek şey buradan gitmek. O da Mustafa amcayı ruhen sarsabilir"

"Bu fikre alışmak zorundayız. Sonucu ne olursa olsun burada kalamayız. Buraya ait değiliz. Hem diğer boyuta geçmeyi başarabilirsek babama hiçbir şey olmamış gibi davranmaktan başka seçeneğimiz yok. Bütün bu olan bitenin rüya mı, yoksa gerçek mi olduğunu ayırt edemiyor zaten. Psikojenik füg denilen rahatsızlığı durumumuzu kurtarmaya yeter de artar bile. Tek yapmamız gereken şey, o lanet olası kerkenezi saklandığı delikten bulup çıkarmak" dedi Azat.

Sonra laf dönüp dolaşıp, yeni Padişah II. Mehmet'in durumuna geldi. Sonsuz yastıktan başını kaldırıp heyecanla:

"Yarın sarayda neler olup bittiğini iyice öğrenmemiz gerek" diye üsteledi.

"Ben Çandarlı'nın kahvaltısını hazırlarken elimden geldiğince oyalanacağım. Bazen kendi kendine konuşup duruyor" dedi Azat.

Peri: "E! Buralarda devlet adamı olmak kolay olmasa gerek. Her gün yeni bir şeyler oluyor. İnsan ister istemez kendisiyle bile konuşuyor"

"Sana bir şey söyleyeyim Peri. Şu gördüğün padişah II. Mehmet var ya?" dedi Sonsuz.

Peri'nin ay ışığının şavkıyla parıldayan gözleri arkadaşının üzerindeydi. Merakla lafını bitirmesini bekliyordu.

"İşte o padişah, tanıyıp tanıyabileceğin en ketum(*) insandır. Hatta kendi söylemiyle, sırrımı sakalım bilse keserim demiştir. Gerisini sen düşün artık"

"Desene Çandarlı Halil Paşa'nın işi çok zor"

"Zor tabii. Bakma sen çocukluğunda yaramaz olduğuna. Babam yaramaz çocukların zeki olduğunu söyler hep. Zihinleri sürekli bir şeylerle meşgul olduğundan ve içinden çıkılmaz durumlarla çok fazla muhatap olduklarından, sorun çözmede üstlerine yok bu çocukların derdi"

---

* Ketum: Ağzı sıkı kimse.

Kıkırdayarak güldü Peri.

"Ne dedim ben şimdi?"

Peri'nin gülmesine neredeyse Mustafa amca uyanacaktı.

"Sussana kızım. Gece gece bütün marabaları(*) toplayacaksın başımıza"

Nefesi düzene giren Peri Mustafa amcayı uyandırmaktan korkan ses tonuyla:

"Bu anlattığın çocuk sana çok benziyor, ona güldüm"

Azat da, kıkırdamaya başlamıştı.

Sonsuz gece gece uykusuz kaldıklarına sinir olsa da, ağzının kenarına yerleşen eğreti gülümsemesiyle, Peri'nin yaptığı benzetmeden hoşlandığını belli ediyordu.

*   Maraba: Çiftlikte toprağı işleyerek ürüne ortak olan kimse, ortak, yarıcı, çalışan.

Azat: "Biraz daha uykusuz kalırsak, yarın Çandarlı ne söylese bir kulağımdan girip, diğerinden çıkacak haberiniz olsun" diye uyardı.

Bir baykuş, odanın içindeki konuşmaların kulağına kadar geldiğini ve rahatsız olduğunu anlatmak istercesine öttü. Bir süre onun çıkardığı sesleri dinleyen çocuklar, ağırlaşan göz kapaklarına daha fazla dayanamayıp, derin bir uykuya daldılar. Ertesi sabah yeni başlayacakları gün kim bilir hangi olaylara gebeydi.

Güneş doğmadan mutfağın aşçısı kaldıkları odaya dayanmış, kapıyı gümbür gümbür yumrukluyordu.

"Mustafa Efendi kalk!"

Odanın tahta kapısı arkadan sürgülü olduğu için aşçı içeri giremediğinden telaşlıydı. Her defasında yumruğunu daha sert vuruyordu kapıya.

"Tak! Tak! Tak! Mustafa Efendi sana söylüyorum duymuyor musun? Aç hele şu kapıyı"

Yorganını üzerinden atıp, sıcacık döşeğinden kalkmaya erinen Mustafa amca besmele çekiyordu:

"Eûzu billahi mineş-şeytânirracîm.
Bismillahirrahmanirrahîm"

Çocukların hepsi gürültüye kulak kabartmış ve kafalarını yorgandan çıkartmış, kapıya yönelen Mustafa amcaya bakıyorlardı. Mustafa amca ise aşçının telaşını hafifletebilmek için:

"Geldim, geldim! Bağırma..." diye sesleniyordu.

Uyku mahmuru gözlerini ovuşturarak kapıya yöneldi. Henüz açmamıştı. Gün ışığı girmemiş odada, el yordamıyla sürgünün yuvasını arıyordu. Bir yandan da soru sormaktan geri kalmıyordu.

"Hayırdır efendi nedir derdin sabah sabah?"

Sonsuz yorganın içinden Mustafa Amcaya destek çıkmak için tam bir şeyler diyecekti ki! Azat, Sonsuzu uyarmak adına işaret parmağını ağzına götürerek:

"Şişşşt! Sus da bekle biraz... Anlarız şimdi" diye uyardı.

Mustafa amca tahta sürgüyü eliyle kaldırıp boşa çıkardı. Tık diye açıldı kapı. Aşçının yüzü ter sucuk içindeydi. Üzerinde hala pijama niyetine giydiği beyaz uzun kollu bir entari(*) vardı. Mustafa amcayı görür görmez başındaki, hanımının ördüğü namaz başlığını andıran külâhı avuçlarının arasına alıp vaziyetine ciddilik katmaya çalıştı.

"Hayırdır aşçıbaşı eceline mi gidiyorsun ne bu telaşın?" diye yeniden adamcağızın niyetini sordu Mustafa amca.

"Ah efendi ah. Ecele gitsem bütün dertlerimden kurtulurdum"

"O halde nedir mesele?"

Aşçıbaşı hala kapının önünde dikiliyordu. Yerin kulağı vardır gibilerinden tedirginlikle etrafına bakındı. Ne olur ne olmaz diye aceleyle sağ adımını besmeleyle

* Entari: 1) Erkeklerin giydiği uzun düz üstlük 2) tek parçalı kadın giysisi.

içeri attı. Bir yandan da müsaadenle diye izin ister görünüyordu. Halbuki çoktan odanın ortasına dinelmiş, üzerine odaklanan gözleri seyretmeye koyulmuştu.

"Şey!" diye geveledi.

Mustafa amca sabırla dinliyordu onu. Başını hafifçe yana yatırarak yüzüne dikkatle baktı.

"Ney? Diyeceksen de hadi. Aklıma türlü türlü şey geliyor. Saraydan mı kovulduk? Mutfağa fare mi dadandı? Yoksa..."

Duraksadı biraz ve en kötü ihtimali düşünerek tahmin yürüttü:

"Yoksa Gümüş'e bir şey mi oldu? Hastalandı mı? Sakın öldü deme! Şimdi mi söylenir bu?"

Aşçıbaşının yanakları al al olmuştu. Çocuklarda daha

fazla yataklarında duramayıp oldukları yere oturdular. Biraz önceki uykulu hallerinden eser yoktu. İki lafı bir araya getiremeyen aşçıbaşıyı cesaretlendirmek gerekiyordu. Sonsuz divanın başucunda duran testiyi yöneldi. Üzerinde duran maşrapaya biraz su doldurup adama uzattı.

Mustafa amca korkmaya başlamıştı. Kendince ilahi önlemler almaya başlamış, arka arkaya besmele çekmeye koyulmuştu. Besmelesini bitirdikten sonra;

"Gel hele!" diyerek kolundan tuttuğu gibi sedirin(*) köşesine çekti adamcağızı. Yanına da kendisi oturdu.

"Anlat bakalım. Bu dünyada bir ölüme çare yok. Neymiş şu önemli mesele?"

Bir dikişte suyu midesine indiren ve derin bir nefes alan aşçıbaşı tamam anlamında başını salladı.

* Sedir: Tahta divan.

"Sarayda kötü şeyler oluyor"

Sonsuz ve arkadaşları akşam lafını ettikleri şeylerin tek tek gerçekleşmekte olduğunu hissedercesine, yavaş yavaş aydınlanan odanın içinde birbirlerinin yüzlerine baktılar. Dillerini yutmuş gibi suskundular.

Aşçıbaşı: "Çandarlı..."

"Be adam söylesene ikide bir susup hülyalara dalacağına"

"Vallahi günah benden gitti. Hıdır paşayla kafa kafaya vermişler padişahı karşılarına alıp Hıristiyanların, Osmanlı'nın üzerine savaş açacaklarını söylemişler"

"Ne zaman olmuş bu?"

"Dün..."

"Akşam güneş batıp, ortalık karardıktan sonra alelacele divanı topladı padişah. Çocuklar ortalarda yoktu. Malum iş güç bitti diye izin vermiştim onlara. Sen de harada olduğundan duymadın elbet. Toplantı çok uzun sürdü. Sabahı sabah ettim vallahi. Yamak Ali'yi durmadan yanıma saldılar. Bize şunu hazırla, bunu getir diye... İstediklerini hazırladıktan sonra, yamak Ali'nin yemekleri sofraya yetişemediğini görüp, ben de yardıma yeltendim. Ha şimdi dağılırlar diye beklerken, gecenin kör vakti geldi çattı. Yardım için herkesi seferber edemedim. Yamak Ali'nin ardından düştüm divan odasının yoluna."

Odadakiler aşçıbaşına dikkat kesilmişti. Bu anlatılanların sonu nereye varacak merak ediyorlardı.

"Sonra?" diye üsteledi Mustafa amca.

"Sonrası ne olacak, iki kapı kulu askerinin tuttuğu girişten geçip divana varınca hepsinin yüzlerine şöyle bir baktım. Padişah'ın ki kapkaraydı. Çandarlı Halil

Paşa'nın ki ondan daha beter bir kara."

"Zagonos ile Şehabettin ağa yok muydu divanda?"

"Olmaz mı hiç? Sanki yiyip içmeleri için hazır ettiğim onca şeyi çekirge sürüsü gibi tüketmişler de yedikleri ağızlarına gelmişçesine, yanakları şişmişti. Midesi bulanan hasta ademlerin yüzleri gibi yemyeşil olmuştu pembe tenleri. Belli ki, Çandarlı Halil Paşa'nın karşısında söyleceklerini yutmak zorunda kalmışlardı. Yani keyiften değil, azaptandı yüzlerindeki şişkinlik. Allah kimseyi söyleyecek sözü varken yutmak zorunda bırakmasın. Boğazında düğümleniyor vallahi."

"Allah, Allah... Mesele neymiş? Kulak kabarta bildin mi?"

"Yok, işin iç yüzünü işiten ben değildim. Padişah ben dışarı çıkmadan ağzını açmadı zaten. Çandarlı'nın da gözleri bir an önce defol git ayakaltından der gibiydi ama yamak Ali sakilik(*) ederken duymuş."

"Lafı eveleyip gevelemesene, söylesene be adam? Ne duymuş yamak Ali?"

"Söyledim ya, dinlemiyor musun beni? Haçlı ordusu toplanmış. Kuzeye, Varna'ya doğru ilerliyormuş. Çandarlı'nın izahat verdiğine göre Osmanlı'ya saldıracaklarmış. Çandarlı tutturmuş devletin başına babanız geçmeli diye. Yamak Ali'nin söylediğine göre iki gün önce Şehzade gizlice haber salmış Manisa'ya. Ordunun başına geçmesini istemiş babasından, ama kabul etmemiş II. Murat. Artık devletin başı sensin buyurmuş."

Sonsuz ve Azat birbirlerinin yüzüne baktılar. Korktukları başlarına gelmişti.

"Ey Yaradan Allah'ım, tahta çıkmış, hükümdarlığı ilan edilmiş bir padişaha tahttan insin denir mi hiç? Hem

* Saki: Su veren, su dağıtan, içecek ikram eden kişi.

de yüzüne karşı. Canına susamış bu Çandarlı. E! beni niye kaldırdın er vakit. Olanların benle ilgisi ne?" diye söylendi Mustafa amca.

"Neden olacak Efendi. Halil Paşa yamak Ali ile haber salmış tez gelesin diye. Onu söylemeye çalışıyorum. "

"Tövbe! Tövbe! Nereye?"

"Nereye olacak haraya."

Azat lafa girdi:

"Babamı neden İster ki Halil Paşa? Sabah sabah atlarla ne alıp veremediği var anlamadım"

"Ben bilmem onu, tez gelsin dedi bende gelip uyandırdım. Az daha oyalanırsanız hakkınızda şer(*) olur bilesiniz" dedi aşçıbaşı.

* Şer: Kötü, fena.

Mustafa amca son işittiği sözler üzerine taş duvarın arasına sabitlenmiş demir kancada asılı kıyafetlerini aceleyle üzerine geçirmeye başladı. Onu gören çocuklarda, yataktan fırlayıp aynı şeyi yaptılar. Herkesin odadan çıkmasını bekleyen Peri en son giyinmişti. Yorganları yastıkları da yüklüğe o yerleştirdi. Ardından derhal haranın yolunu tuttu. Mustafa amca ve diğerleri çoktan haranın kapısından içeri dalıp gözden kaybolmuşlardı. Peri de, diğerleri gibi ön kapıdan girip, arka tarafa çıktığında, haranın, etrafı ince kütükten yapılma çitlerle çevrili toprak meydanında II. Murat'ın muhteşem atı Gümüş'le karşılaştı. Koca Hıdır, Gümüş'ün boynundaki halatın ucundan tutmuş sakinleştirmeye çalışıyordu. Fakat bu ne mümkün? Hayvan üzerine yabancı birinin bineceğini anlamış olacak, kişneyerek olanca gücüyle daireler çiziyor, Koca Hıdır'ın başının dönmesine neden oluyordu.

Mustafa amca vaziyeti görür görmez seslendi.

"Hey Koca Hıdır! Nafile uğraşma. Bu hayvanla göz

göze gelmedikten sonra sırtına binemezsin"

Koca Hıdır, hala olduğu yerde dönüyor, Gümüş ise ter sucuk içinde Hıdır'ın etrafında daire çizmeye devam ediyordu. Çandarlı Halil Paşa ve padişah II. Mehmet birlikte Koca Hıdır'ın hayvanı sakinleştirmesini bekliyorlardı. Güneş yavaş yavaş dağların arkasında belirmiş, gri mavi tondaki yeryüzünü ışığıyla renklendirmeye başlamıştı.

Güneş'in ilk ışıklarını üzerine çeken Gümüş, haranın ortasında inci tanesi gibi parıldıyordu. Padişahın

kulu olarak birçok savaşta korkusuzca cenk eden,
düşmanının korkulu rüyası haline gelen Koca Hıdır
ise bir atın üstesinden gelemediği için burnundan
soluyordu. At dönüyor, Hıdır inadı elden bırakmıyordu.
Çandarlı onların mücadelesini seyretmekten vazgeçip
usulca Mustafa Amca'nın yanına sokuldu. Azat, Sonsuz
ve Peri, kenara çekilmiş olanları hayretler içinde
seyrediyorlardı. Halil Paşa, üzerine giyindiği kıyafetin
önünü aralayarak kuşağına sıkıştırılmış pirinç kutuyu
gösterdi. Kutu silindir şeklindeydi. Üst kısmı kapaklıydı.
Ferman-ı hümayunlar(*) söz konusu olduğunda
bu kutular kullanılırdı. Padişahın mührünü taşıyan
mektuplar pirinç silindirin içine itina ile yerleştiriliyor
ve yeniden kapağı kapatılıp ulağa(**) teslim ediliyordu.
Ulaklara posta tatarı da denilirdi. Ülkenin bir başından
bir başına at üstünde haber taşırlardı. Posta tatarı
denilen ulaklar, namuslu, güvenilir, mukavemetli(***)
insanlar arasından seçilirdi. Çandarlı, Mustafa amcayı
kolundan tutup kenara çekti. Kuşağına sıkıştırdığı

* Ferman-ı hümayun: Padişah ile ilgili yazılı ya da sözlü emir.
** Ulak: Haberci, postacı
*** Direnme, dayanma, karşı koyma

silindir kutuyu çıkartıp eline aldı.

"Bunun ne olduğunu biliyor musun?" diye sordu ona.

Mustafa amca anlamsız gözlerle Çandarlı'ya bakıyordu. Olan bitenden hiçbir şey anlamadığını sezinleyen Çandarlı, lafı uzatmadan meseleye girdi. Silindirin kapağını açtı ve içindeki rulo şeklinde sarılmış el yazısı mektubu göz ucuyla gösterdi.

"Bu yüce padişahımız II. Murat hazretlerine iletilmesi gereken mühim bir haber."

Mustafa amca şaşkınlığını gizleyemiyordu:

"Ama yeni padişahımız, oğlu II. Mehmet değil mi?"

Zavallı Mustafa amca pot kırdığının farkına varsa bile artık çok geçti. Çandarlı Halil Paşa kısık ama öfkeli sesiyle söylenerek:

"Orasını karıştırma. Bu ferman-ı hümayun, Manisa sarayına gidecek o kadar. Hem de bir günde. Yoksa kelleni cellat çeşmesinde bulursun" dedi.

Sonsuz, Azat ve Peri, Çandarlı ile Mustafa amca arasındaki muhabbetten, pek de hayırlı haberler beklemiyorlardı. Suratı kireç gibi olan Mustafa amca ordunun başına geçmeyi reddeden II. Murat'a cevaben yazılan ikinci mektubun sorumluluğunu almaktan biraz ürkek, biraz itirazcı bir ses tonuyla:

"Yüce devletim. Hangi at Edirne'den Manisa'ya bir günde varır sorarım size?" deyince Çandarlı Halil Paşa, kedi gibi kıstığı gözlerini Koca Hıdır'ın yola getirmeye çalıştığı Gümüş'e çevirdi. O anda, işi nereye getirmek istediğini anlamıştı Mustafa amca.

Çandarlı: "Hıdır hanidir uğraş verdi ama gördüğüm kadarıyla atın ona alışacağı yok. Cüssesi de malum... Üzerine binmeyi başarsa bile, at onu yorulduğu yerde sırtından atar. Ben bu iş için seni uygun gördüm. Zira duyduğuma göre Gümüş sadece seni yaklaştırıyormuş yanına"

"Efendim ben..."

Lafı ağzına tıkamıştı Çandarlı.

"İtiraz edecek vaziyetin yok efendi. Ya bu deveyi güdeceksin, ya da bu diyardan gideceksin... Kesik başının cellat çeşmesinde sergilenmesini istemiyorsan yapacaksın. Diyeceklerim bu kadar, şimdi yıkıl karşımdan"

Mustafa amca yüce devletlinin karşısında nasıl itiraz etsindi ki? Çaresiz, el pençe divan durup Koca Hıdır'ın yanına attı kendini. Önce göz göze geldiler. Aralarında konuşma geçmemişti ama atın ipini Mustafa amcaya vermesi gerektiğini anlamıştı Koca Hıdır. Gümüş hala kişniyor, deliler gibi koşuyordu. Öyle ki, Mustafa amcanın onu zapt edebilmek için ipine iki eliyle asılması, hatta biraz da olduğu yerde sürünmesi gerekmişti. Koca Hıdır'dan ümidi kesen herkesin yeni gözdesi Mustafa Amca olmuştu. Kalabalığın içinden bir ses:

"Koskoca Hıdır yiğidin yapamadığını bu maraba mı yapacak?" diyerek dalga geçmiş, yanındaki üç beş kişiyi kahkahaya boğmuştu. Söylenenlere sinirlenen Azat, horoz gibi kabarıp adamların üzerine doğru yeltenince, Sonsuz onu sıkıca tutmuş, daha büyük bir tatsızlık çıkmasını engellemişti. Sinirlerine hâkim olamayan Azat yumruklarını sıkıyor, babasının bir an önce Gümüş'ü sakinleştirerek, durumuyla alay edenlere ağızlarının payını vermesini bekliyordu. Atlar ne kadar zor ise, Mustafa amca da onlar için öyleydi. Kolay lokma değildi. Sabrıyla dağları delerdi. Ufak tefek bir adam olduğundan atlar onu severdi. Zira hangi atın üzerine binse, hayvan rüzgâr misali uçup giderdi. Çocukluğu Konya'nın geniş ovalarında at binerek geçmişti. Gümüş, kendi etrafında dörtnala döndükçe, Mustafa amca da olduğu yerde fırıldak gibi dönüyordu. Bir keresinde konu atlardan açıldığında oğluna aynen şöyle söylemişti Mustafa amca:

"Atlar mahzun hayvanlardır. Hissiyatlı, cana yakındırlar. Ama duygularını kolay kolay ele vermezler. Onlarla iyi geçinmenin ilk kuralı, dost olduğunuzu onlara anlatmaktan geçer. Ancak size inanırlarsa, güven duyarlarsa birlikte hareket edebilirsiniz onlarla. Hayvan deyip geçilmez atlara. Şayet hayvan deyip geçersen, o da sana aynı muameleyi yapar. Yani aldırmaz. Seni seninle bırakır... Onunla ortak bir diliniz olmalı. Bu dili oluşturmak için önce göz göze gelmeniz gerekli. Bunu başarabilirseniz eğer, onun sizi tanımaya istekli olduğunu anlarsınız. Yok, ne yaparsanız yapın, at gözlerinizin içine bakmıyorsa, nafile uğraşıyorsunuz demektir. Ne o atın üzerine binin, ne de o attan hayır bekleyin"

Babasının bu sözlerini hatırlayınca içi biraz olsun rahatlamıştı Azat'ın. Çandarlı Halil Paşa sessizce padişah II. Mehmet'in yanına gitmişti. Kurnaz bakışlarıyla herkes gibi Mustafa amcanın Gümüş'e nasıl yaklaşacağını izliyordu. Hayvan yorulmak bilmiyordu. Lakin öfkesi dokuz şiddetinde deprem gibiydi. Nallarıyla dövdüğü toprak zangır zangır titriyordu. Canhıraş bir mücadeleden sonra ipi biraz koluna dayayıp boyunu kısalttı Mustafa amca. Hanidir ağılda yanına gittiği, yemini suyunu verdiği, sırtını okşadığı hayvan kendini kaybetmiş deli divane olmuş haldeydi. İpin ucununu Koca Hıdır'ın bıraktığını bile fark etmemişti. Bunu ona hissettirmeden, sakinleşmesine imkân yoktu. İpi biraz daha kastı. Hayvanla aralarındaki mesafe on metreden, dört metreye kadar indi. Olduğu yerde öyle hızlı dönüyordu ki Mustafa amca neredeyse vida gibi toprağa gömülecekti.

"Hoya! Hoya!" diye

seslendi art arda. Sesi işiten at durmasa da, hızını yavaşlatmıştı.

"Hoya! Gel kızım hoya!" diye seslenmeye devam etti Mustafa amca. Ses tonunu öyle bir ayarlamıştı ki, neredeyse benim ben, yabancı değil, beni tanımadın mı demeye çalışıyordu hayvana.

Gümüş duyduğu seslere kulak kabartır, hırçınlığı elden bırakır olmuştu. Mustafa amca aralarındaki ipi kısalttıkça, kulağına doğru seslenmeye devam etti. Gümüş sesi doğru algılamıştı. Bu, sahibi II. Murat'tan sonra yanına yanaşmasına izin verdiği tek kişiydi. Hayvan sonunda olduğu yerde durmuştu. Mustafa amca boşta kalan eliyle hayvanın yanağını, alnını okşuyor aferin kızım... Aferin sana diyordu. Tıksırıyordu Gümüş. Bu onun karşısındaki insana bir nevi sana güvenmek istiyorum demesiydi. Nihayet göz göze geldiler. Hayvan mahzun ve tedirgin gözlerini Mustafa amcaya dikmiş teslimiyetini ilan etmişti. Koca Hıdır, önünde eyer ile dikilen yeniçeriye başıyla işaret verdi. Asker eyeri kaldırdığı gibi hayvanın sırtına bıraktı. Eyeri sabitleme işini Mustafa amca kendisi yaptı. Zira başka bir elin değmesi hayvanı yeniden huysuzlaştırabilirdi. Her şey sona erdiğinde, padişah II. Mehmet büyük bir hayal kırıklığı ile odasına döndü. Çandarlı Halil Paşa belindeki ferman-ı hümayunu atın üzerine binen Mustafa amcaya teslim etti. Hiçbir şey söylemeden Koca Hıdır'ı da yanına alarak sarayın yolunu tuttu.

Mustafa amca Manisa yolculuğuna başlamadan önce çocuklarla vedalaşmak istedi. Yanlarına yaklaştı. Aşçıbaşı, Çandarlı Halil Paşa'nın emri ile Mustafa amcanın azıklarını bohçalamıştı bile. Eline tutuşturdu. Mustafa amca da, bohçayı atın eyerinin arka kısmına bağlayıp sabitledi. Yol boyunca acıktığında yiyebileceği birçok şey vardı bohçanın içinde. Üstelik güçten düşmemesi için en iyi besinler seçilip konmuştu. Bu görevi başaramayacak olursa başının kesileceğini biliyordu. Belki de oğlu Azat'ı, Sonsuz'u ve Peri'yi son görüşüydü bu. Atın üzerinden indi. Oğlunun yüzünü avuçları arasına aldı. Azat'ın gözleri nemlenmişti.

Yine de, metaneti elden bırakmayarak oğlunu yüreklendirmek için:

"Evlat, emin ol tez vakitte yeniden yanında olacağım" dedi.

İnanası gelmiyordu ama inanmak istiyordu Azat. Babası gibi davranarak ona üzüntüsünü belli etmemek adına hemencecik toparladı kendisini. Sesindeki çatlak belli olmasın diye yutkundu önce. Sonra gülümseyen çehresiyle babasının yüzündeki ellerinden tuttu ve öpüp başına koydu.

"Gazan mübarek olsun baba. Yanında Gümüş gibi bir at olduktan sonra, seni tez vakitte aramızda göreceğimize eminim zaten" dedi.

İçi biraz olsun rahatlayan Mustafa amca atın yularını çevirdiği gibi dörtnala koşarak gözden kayboldu. Onun gidişiyle harada kimseler kalmamıştı. Çocuklar da, erkenden mutfağın yolunu tutmak zorunda kalmışlardı.

O gün, hepsinin canları sıkkındı. Başlarına gelenlere inanamıyorlardı. Mustafa amcayı kim bilir nasıl bir yolculuk bekliyordu. Malum, Gümüş gibi sıra dışı bir at herkesin dikkatini çekecekti. Kötü niyetli insanlar, belki de Mustafa amcayı öldürecek, en iyi ihtimalle dolandırıp, Gümüş'ü elinden almaya çalışacaktı. Bütün bunlar yetmezmiş gibi, Gümüş bakalım dayanabilecek miydi onca yola?

***

Aradan saatler geçmişti. Mustafa amca Edirne sarayından çıktığından beri hayli yol kat etmişti Gümüş'le. En usta posta tatarlarına taş çıkartırcasına ne olursa olsun asla inmiyordu atın sırtından. Acıktığında yemek için bile mola vermiyordu. Gümüş ise sahibi II. Murat'ın yanına gittiğini anlamışçasına hasret yüklü bir süratle ilerliyordu yollarda. Koşarken yeleleri rüzgârda ipek tüller gibi dalgalanıyordu. Uzun bacakları geçtiği yolları tozu dumana katıyor, ayakları toprağa değmiyor, adeta havada uçarak ilerliyordu. Altındaki at öyle süratliydi ki, yüzüne esen rüzgâr genzini yakıyordu Mustafa amcanın. Lakin bu böyle sürüp gitmezdi. Aksi halde at onca yola dayanamaz, koşmaktan çatlar, olduğu yere yığılır, oracıkta ölüverirdi. Mustafa amca bunu göze alamazdı. Zaten kellesi koltuğunun altındaydı. Ferman-ı hümayunu II. Murat'a bir günde ulaştıramazsa, sonu geldi demekti, ama ya bu vazifeyi yerine getirdiği anda Gümüş kat ettiği yola dayanamayıp ölürse? Bu da suç sayılmaz mıydı, cezası ölüm değil miydi? Çok zordu Mustafa amcanın işi. Bu hayvanın eninde sonunda dinlenmesi gerekecekti. Lakin o zaman da, yol uzayacaktı. Posta tatarları için hizmet veren hanlardan birinde onu başka bir atla değiştirse, o zaman da, dönüşte Gümüş'ü yerinde bulmak mümkün olur muydu acaba? Malum, onun gibi güzel ve asil bir at, hırsızların iştahını kabartacaktı. Marmara denizini Osmanlı'ya ait bir ticaret gemisiyle geçmişler, Anadolu topraklarına ayak basmışlardı. Her ikisi de, gemi yolculuğu sırasında biraz olsun dinlenmişlerdi. II. Murat Bursa'da olsaydı, işleri daha kolaydı. Oysa

oğlunun tahta çıkışı sırasında kısa bir zaman Bursa'daki
sarayda ikamet ettiyse de, sonrasında daha sakin ve
huzurlu bulduğu için Manisa'ya, gitmişti. Gemiden iner
inmez yeniden yollara düşmüştü Gümüş ile Mustafa
amca. Zaman zaman, Osmanlı'nın kullandığı geniş
toprak yollardan, zaman zaman da, kimselerin ayak
basmadığı kestirmelerden giderek ilerliyorlardı. Hava
sık sık değişiyor, aniden bastıran yağmurla iliklerine
kadar ıslanıyor, beklenmedik bir anda hava açıyor,
bulutların arasından çıkan güneş içlerini ısıtıyordu.
Gümüş'ün tüyleri, üzerinden bir türlü atamadığı terle
karışık yağmur damlalarıyla sırılsıklam olmuştu. Soluk
alıp verişleri öylesine kuvvetliydi ki, nefesini dışarı
her üflediğinde burnundan dumanlar çıkıyordu. Durup
dinleneyim diye geçirdi içinden Mustafa amca ama
ya zamanında yetişemezse varacağı yere? İkisi de
yorgunluktan bitmişlerdi. Bayır yukarı tırmanırken,
hızı oldukça yavaşlayan Gümüş, yüz yaşına dayanmış
ihtiyarlar gibi bacaklarına hükmedemiyor, zorlukla
ilerliyordu.

"Yok, bu böyle olmayacak. Bu hayvan Manisa'ya kadar dinlenmeden giderse, II. Murat'ı gördüğü an nalları dikecek" diye söylendi kendi kendine. Nasırlı ellerini çaresiz yüzünde gezdirdi. İklimin oynaklığı nedeniyle kıyafetleri hem ıslanmış, hem de üzerinde kurumuştu. Bu yüzden olsa gerek içine bir sıtma düştü. Tir tir titriyordu. Üstelik bu sıkıntı psikojenik füg denilen rahatsızlığını yeniden depreştirebilir, kat ettiği onca yolun ortasında anlamsızca durup, nerede olduğunu hatırlamaya çalışmak zorunda kalabilirdi. Bunun olmaması için bildiği bütün duaları okumaya koyuldu. Allah'tan başka yardımcısı olabilecek kimsesi yoktu. Göz kapakları, Gümüş'ün ayaklarından çıkan tıngırtılı ve ahenkli nal seslerine yenik düşüyor, işitmek zorunda olduğu bu sesler kulağına ninni gibi geliyordu. Önlerinde uzun geniş bir ova belirdi. Bu ovayı geçmek nereden baksa iki saatini alırdı. En iyisi atın üstünde biraz kestirmekti. Yoksa iyice güçten düşecekti. Hem, atı biraz kendi haline bırakmak, baldırlarını mahmuzlamamak şüphesiz onu da rahatlatırdı. Başını Gümüş'ün boynuna doğru uzatıp öylece kaldı.

Aklından geçenlerin, hayalini kurarken nasıl olduğunu anlayamadan uykuya daldı.

Zihnindeki karmaşanın yarattığı huzursuzluktan olsa gerek, uykusu sırasında korkunç bir kâbus görmeye başladı. Kâbusunda, karşısına, posta tatarlarının dinlendiği bir han çıkmıştı. Gümüş, ter sucuk içindeydi. Göz bebekleri ceviz kadar büyümüştü. Nefes alıp vermekte zorlanıyordu. Uzun bacakları sırtında taşıdığı Mustafa amcayı bir adım daha götürecek halde değildi. Olduğu yere yığılmıştı. Mustafa amca, Gümüş'e hem kıyamıyor, hem de kalkması için yalvarıyordu. Etrafı birden kalabalıklaştı. Bir sürü göz üzerine dikilmişti. O gözlerden biri ise sevimsizliği ile kalabalığın içinde hemen fark ediliyordu. Kalabalıktan tezahüratlar yükseliyordu. Herkes sevimsiz adamın arkasında birikmişti. Sanki bir boks arenasında, Mustafa amca rakibiymişçesine adamın ismini tekrarlıyorlar, ona Karabilek diye sesleniyorlardı. Kalın bileklerine taktığı deri bileklikler yüzünden ve bileği asla bükülemediğinden almıştı bu lakabı. Adamın yüzü öyle meymenetsizdi ki, alnında adeta ben hırsızın, uğursuzun tekiyim yazılıydı. Yani hiç güven telkin etmiyordu. Kalabalıktan bir çocuk yanına yanaşıp, atını sakın o hırsıza kaptırma diye uyardı Mustafa amcayı. Çocuğun anlattığına göre, o diyarın en cabbar hırsızıydı ve bu güne değin kimse yaptığı hırsızlıkları kanıtlayamamıştı. Kendi eşyalarını, hayvanlarını onda görenler, bu da benim malımdı diyememişlerdi korkularından. Çocuk ansızın geldiği gibi gözden kayboldu. Kalabalığın önünde yoğun bir sis oluştu. Göz gözü görmüyordu. Bir müddet sonra dumanı yararak karşısına dikilen Karabilek, Gümüş'e yiyecek gibi bakmaya başlamıştı. Sonra başını Mustafa amcaya çevirip:

"Keşke benim de böyle güzel bir atım olsa" diye seslenmişti.

Çok tedirgin olmuştu Mustafa amca. Gümüş'ün yorgunluğu nedeniyle yola onunla devam etmesi mümkün görünmüyordu. Lakin hanın ahırında bıraksa, sarayın bu çok kıymetli emanetini kesin Karabilek'e kaptırır, sonra da kelleyi cellat çeşmesinde bırakırdı. Atın mutlak suretle değişmesi, Handan Gümüş kadar olmasa da, posta tatarlarının tercih ettiği, hızlı atlardan birini alması ve yolun geri kalanına onunla devam etmesi gerekliydi. Karabilek'le göz göze geldi. Pis pis sırıtıyordu eşkıya. Gümüş'ü ahıra bırakıverse Manisa sarayından dönüşte yerinde yeller eseceği kesindi. Bir türlü çıkamıyordu işin içinden. Gümüş'ü bu adamın elinden kurtarmanın bir yolu olmalıydı ama ne?

Aynı kalabalığın içinden öne çıkan ve epeyce yaşlı olan han sahibi Karabilek'e kenara çekilmesi için eliyle işaret edip, bir kenara savdıktan sonra, Mustafa amcanın karşısına dikilmişti. Yankılanan sesiyle soruyordu:

"Bu güzel atla yolun nereye yiğidim?"

Ser verip sır vermemek gerekliydi.

"Bu sadece beni ilgilendirir beyim"

Yaşlı hancı tecrübesine dayanarak ağzı sıkı posta tatarlarının saraya hizmet ettiğini anımsayarak ve Mustafa amcayı da onlardan sayarak:

"Anlaşıldı, saraya hizmet ediyorsun sen? Ne güzel bir at bu böyle. Bu diyarda böylesine hiç rastlamamıştım" dedi.

Karşısında, gevşek gevşek gülen Karabilek, hancıyla aynı fikirde olduğunu belirterek:

"Ben de" diye lafa girdi.

Karabilek'in sesiyle irkilen Mustafa amca yutkundu. Çaresizce Gümüş'ün üzerinden indi. Alelacele hayvanın sırtındaki eyeri aldı. Yükü hafifleyen Gümüş, minnet dolu gözlerle Mustafa amcaya bakıyordu. Huysuzlukta ve yabancıları yanına sokmamakta üzerine yoktu Gümüş'ün ama Karabilek bu atı rızasıyla götüremezse eğer, boynuna yuları takıp zorla, sürüye sürüye kaçırırdı. Bakışları niyetini açıkça belli ediyordu zaten. Kâbusundaki hancı tekrar dile geldi:

"Sıkıntın nedir yiğidim?"

Mustafa amca Gümüş'ü olduğu yerde dinlenceye bırakıp, hancıyı kolundan tuttuğu gibi kuytu bir köşeye çekmişti.

"Bu değerli at, padişah efendimiz II. Murat'ın malıdır. Emaneten bana verilmiştir. Lakin yolum uzundur. Hayvanın hali ortada, ya beni götürüp çatlayacak, ya da onu başka bir at ile değiştirip, dönüşte padişahımızı taşıması için size bırakacağım."

İçini dökmüştü Mustafa amca fakat söyleyecekleri bitmemişti. Başıyla, kalabalığın içinde, elini beline koymuş alayı tavırlarıyla kendisini süzen Karabilek'i işaret ederek.

"Bu adam tekin birine benzemiyor " dedi hancıya.

"Buralarda kuş uçsa ondan sorulur?"

"Padişah efendimizin haberi var mı bundan? Zira bu topraklarda ancak onun hükmü geçer. Böylesi marabaların, halkı korkutarak nam salması pek hoş değildir bilesin. Ancak namına yakışır şekilde padişahın emrine geçerlerse yaşatılır böyleleri"

"Hıh!" dedi hancı ve devam etti:

"Böyleleri mi? Böylelerinin yeri yurdu belli değildir. Hiç

kimse, nereden geldiklerini, nereye gittiklerini, gittikleri yerlerde ne kadar kalacaklarını bilmez"

"Bildiğin eşkıya yani?

Sustu hancı. Sonra kuşku dolu gözleriyle yeniden Mustafa amcaya odaklanarak:

"Derdin nedir? De hele... Yoksa korkuyor musun ondan?"

"Korkmak mı? Ben kelleyi koltuğumun altına alıp çıkmışım yola. Kimseden korkum yok. Lakin aha şu hayvana üzülürüm. Hünkârımıza çok bağlıdır. Hünkârımız da ona. Yorgunluktan çatladı çatlayacak. Onu kısa bir süreliğine misafir etmeni istiyorum ama şu eşkıyanın ona zarar vermesinden çekiniyorum"

"Çekinmekte haklısın. Eminim senin aklına düşen, şu an onun da aklına düşmüştür."

Derin bir nefes aldı Mustafa amca:

"Sen yaşını başını almış birisin. Gördüklerin, geçirdiklerin benden kat kat fazla. Hem, onca insan ağırlıyorsun her gün, biri ötekine benzemeyen. Yok mudur bu halime bir çare sorarım sana?"

Gülümsedi hancı. Mustafa amcanın koluna yapışarak kulağına eğildi.

"Evet, var ancak söylediklerimi yaparsan atını ondan kurtarabilirsin" dedi ve tavsiyesini fısıltıyla Mustafa amcanın kulağına bıraktı. Hancının cılız sesi kulaklarında tekrar tekrar yankılandı. Fısıltıyla başlayan ses, her tekrarda daha gür çıkıyordu. Son duyduğunda ses o denli şiddetlenmişti ki, kâbusundan sıçrayarak uyandı Mustafa amca. Gözlerini açıp etrafına bakındı. Yaklaşık bir, birbuçuk saatlik yol almıştı Gümüş. Ova, neredeyse bitti bitecekti.

"ya havle vela kuvvete illa billahil aliyyil azim" dedi

Allah'a sığınarak.

Çaresizlikten gözlerinden iki damla yaş süzüldü. Kollarıyla sildi yanaklarına inen yaşları.

"Allah'ım bu yol biter mi? Biterse bu hayvanın hali nice olur? Sen aklımı koru, yardımını benden esirgeme."

Mustafa amca temiz kalpli bir insandı. İnançlıydı, yardımseverdi. Tercihini her zaman iyilikten yana kullanır, çevresindeki insanları da böyle davranmaya özendirirdi. Sıkıntılı yüreği henüz hafiflememişti ki, karşısına çam ağaçlarının altında, huzurlu bir mabet gibi duran han binası çıktı. Manzaraya inanası gelmiyordu. Zihni ona bir oyun mu oynamıştı, yoksa Allah başına geleceklerin önceden rüyasını gösterip ona yardım mı etmişti? Yüreğinden geçen hiçbir hisse bu kadar yabancı olmamıştı. Gümüş'ün takatten düşen adımları han kapısının önünde durdu. Yorgunum dercesine kişniyordu. Henüz attan inmemişti ki, hanın kapısında, rüyasında gördüğü eşkıyaya rastladı. Gözlerini ovuşturdu. Hayal değildi. O adamın ta kendisiydi ve kanıyla, canıyla karşısında durmuş, bu diyarlarda asla bir eşine daha rastlamasının mümkün olmadığı ahal teke cinsi Gümüş'ü süzüyordu. Adam arada bir Gümüş'ten kaçırdığı gözlerini Mustafa amcanın üzerine dikmişti. Uzun bir süre göz göze kaldıktan sonra, Mustafa amca umursamaz tavırlarıyla Gümüş'ün yularını çekip onu diğer atların bulunduğu ahıra soktu. Ahır duvarının dibinde yığılı saman balyalarından bir kucak toparlayıp atın önüne bıraktı. Dışarı çıktı. Kenarları taşlarla örülüp yükseltilmiş kör bir kuyu vardı hanın yanında. Ağır adımlarla kuyuya yaklaştı. Eşkıya kılıklı adam halen hanın kapısında duruyor, gözlerini kaçırmaksızın Mustafa amcaya bakıyordu. Oralı olmayan Mustafa amca kuyudan çektiği bir kova suyu alıp, usulca Gümüş'ün kaldığı ahıra yöneldi. Ahırın köhne kapısından tökezleyerek geçti. Neyse ki, suyu dökmeden atın önüne bırakabildi. Gümüş, minnetle içti önündeki sudan. Onun biraz olsun rahatladığını görmek Mustafa amcaya iyi gelmişti. Atı dinlenceye bırakıp hanın yolunu tuttu. Yemek içmek umurumda bile değildi. Bir an evvel yola çıkmalıydı. Bunun için hancıdan en az Gümüş kadar dirençli, hızlı bir at isteyecekti. Üstelik devlet meseleleri söz konusu olduğunda, bu buyruğu yerine getirmeye mecburdu hancılar. Kapıdaki eşkıyayı görmezden geldi ve kapıdan çekilmesi için adımını içeri attı. İtiraz etmedi adam. Usulca yol verdi. Hanın içi genişçe idi. Her köşesinde yorgunluk atmaya çalışan insanlar vardı. Kim bilir, nereden gelip, nereye gidiyorlardı? Mustafa amca da onlardan biri değil miydi? Gençten bir çocuk onu fark edip yanına yanaştı.

"Hoş geldiniz beyim. Aç mısınız?"

Aç olmasına açtı. Üstelik mutfaktan yayılan sıcacık tarhana kokusu burnuna kadar gelmişti. Yutkundu. Boynundaki poşuyla alnındaki soğuk terleri sildi.

"Yok evlat. Tez vakitte yola çıkmam gerek. Hanın sahibini bulmalıyım, nerede?"

Çocuğun, yanıt vermesini beklerken yüzüne dikkat kesildi. Rüyasında yanına gelen ve onu düşmanına karşı uyaran çocuğa ne kadar da benziyordu.

Hanın sahibi benim diye yanıtladı çocuk. Doğrusu bu cevabı beklemiyordu Mustafa amca. Şaşkınlığını gizleme gereği duymadan:

"Sen misin?" diye sordu.

"Evet benim. Anamla işletiyoruz burasını"

"Ya baban?"

"Sizlere ömür. Üç hafta önce hakkın rahmetine kavuştu. Bu han bizim ekmek teknemiz. Anamla bu saatten sonra başka iş tutamayız biz. Yaşlıydı babam. Son zamanlarda nefes alamaz olmuştu. Bir daha da iyi olmadı."

"Allah rahmet eylesin evladım"

"Ne isteyecektiniz?"

"Şey ben... Atımı dinlenmesi için bir süreliğine ahırınızda bırakıp sizden başka bir atı ödünç isteyecektim. Yolum hayli uzak, mesele mühim"

"Olur tabii... Size Arap'ı vereyim. Cüssesi pek yoktur ama şimşek gibi hızlıdır. Çoğu posta tatarı atını onunla değiştirir. Şanslı gününüzdesiniz ki, ahırda ve dinlenmiş halde Arap. Yani yola çıkmaya hazır"

"Çok güzel" dedi Mustafa amca...

Tam arkasını dönmüştü ki, eşkıya kılıklı adam karşısına dikildi.

"Selamünaleyküm"

"Aleyküm esselam"

Adam yerde kurulu boş bir sofraya bağdaş kurarak

oturduktan sonra eliyle Mustafa amcaya yer göstererek yanına çağırdı. Rüyasında gördüğü bu adamdan kurtulmak için onunla illaki konuşması ve art niyetinden onu vazgeçirmesi gerektiğini çok iyi biliyordu Mustafa amca. Adam eliyle işaret verdi çocuğa. Hancı çocuk bir çırpıda iki tas tarhanayı sofraya bıraktı. Anası da, tahta kaşıkları getirdi ve çekildi. Handakilerin hepsi kendi hallerindeydiler. Köşelerine çekilmiş sohbet edip vakit öldürüyorlardı.

"Adım Karabilek" diye söze başladı eşkıya.

Mustafa amca, adını biliyorum zaten diyesi geldi ama tuttu dilini. Adamı daha önce rüyasında gördüğünü söylese kim inanırdı ki ona?

"Atın için ne istersin?" diye sordu ciddi ciddi.

Mustafa amca çorba tasına daldırdığı kaşığı bıraktı.
Gözlerini fal taşı gibi açarak:

"O at satılık değil" diyerek yanıtladı.

Adam pişkindi. Laftan halden anlayacak bir tarafı
yoktu.

"Her malın bir fiyatı vardır. De hele sen" diyerek ısrar
etti.

"Dedim ya, o at satılık değildir"

"Peki neden?"

"Çünkü II. Murat'ın malıdır. Öyle büyük bir devletlinin
malını sattığı nerede görülmüş? O ancak malını hediye

eder..."

Sustu Karabilek, eliyle çenesini avuçladı. Gözlerini kısmış Mustafa amcayı süzüyordu. Mustafa amca, rüyasına giren ve bu hırsızın hakkından nasıl gelebileceğini kulağına fısıldayan ihtiyarı hatırladı. Öğüdünü dinlemenin tam sırasıydı.

"Seni bu diyarların en iyi hırsızı olarak tanırlarmış"

Cevap vermeyerek, kendisine yöneltilen ithamı kabullenir göründü Karabilek. Mustafa amca ise sözlerine devam ederek:

" Güçlü kuvvetli bir adam olduğun belli... Ekmeğini şu kara bileklerinin hakkıyla kazanıp helal lokma yesen daha iyi olmaz mı?"

Lafın nereye varacağını merakla bekliyordu Karabilek. Çıt çıkarmadan dinliyordu Mustafa amcayı:

"Sana bir teklifim var."

"Nedir? Elindeki attan daha iyi bir teklif ne olabilir ki?"

Mustafa amca derin bir nefes aldı. Karabilek sabırsızlanmıştı.

"Nedir söylesene be adam?"

"Şerefin..."

"Şerefim mi? Ha! Ha! ha! Şaka yapıyorsun herhalde."

"Hayır yapmıyorum. Bilakis itibarını sana iade alma fırsatı veriyorum. Buralarda senden pek de hoş bahsetmiyorlar. Bu durum padişah efendimizin kulağına giderse yakalandığın yerde kelleni keserler. Elbet acar bir haydutsun. Yaş tahtaya basmazsın fakat düşmez kalkmaz bir Allah var. Bir gün ufacık bir hatan sana dünyayı dar eder. Gel kurtul bu hayattan. Gücünü kuvvetini hayırlı işlerde harca."

Karabilek düşünceliydi. Adamın yüzüne acı acı baktı. Anlattıklarını kabul etmek istemese de, itibarını kendisine nasıl iade edeceğini merak ediyordu.

"Nasıl olacak bu iş?"

"Senin gibilerin yeri yurdu yoktur. Oradan oraya savrulup dururlar gazel yaprakları gibi. Biraz sonra şu sofradan kalkacağım. Hancı çocuk bana Arap isimli bir at verecek. Yolumun kalan kısmını o atla tamamlayacağım. Gümüş'ü, yani sultan II. Murat'ın atını sana emanet edeceğim. Ona gözün gibi bakacaksın. Mükâfatı da itibarın olacak. Artık sana kimse hırsız demeyecek. Göçebe gibi yaşamayacaksın. Bu dünya fani dünya, göz açıp kapayıncaya kadar geçer. Nasıl bittiğini anlayamazsın. Ruhunu huzura kavuşturursan, ölüm sana vız gelir. Hatta belki bir yuva kurar, çoluğa çocuğa karışırsın. Çocuklar yüreğini ısıtır insanın. Şimdi söyle bana, bu saydıklarım az şey mi?"

Karabilek sus pus olmuştu. Mustafa amcanın

söylediklerini zihninde kurguladığı ve hayalini kurduğu yüzünden okunuyordu. Düşünceliydi, ne diyeceğini bilmez halde etrafındaki kalabalığa bakıyordu. Kalabalık da sükûnet içinde onlara...

Mustafa amca, bana müsaade diyerek sofradan kalktı ve:

"Eğer Gümüş'ü koruyup kollayacaksan arkamdan gel ve emanetini teslim al. Yok, bildiğin gibi davranacaksan elbet bir gün bedelini ödersin. Yanlış hesap er ya da geç Bağdat'tan döner" dedi.

***

Karabilek'in, Gümüş konusunda hiçbir yanıt vermemesi Mustafa amcayı tedirgin etmişti. Zira artık Gümüş için yapabileceği hiçbir şey kalmamıştı. Ahırın kapısından içeri girdi. Hemen ardından da hancı çocuk geldi. Gümüş samanların üzerine yatmış, mahzun bakışlarını Mustafa amcaya çevirmişti. Yanına gidip

yanaklarını okşarken; seni Allah'a emanet ediyorum
dedi Mustafa amca. Daha fazla vakit kaybedemezdi.
Çocuğun eyerlediği siyah atın yularından tuttuğu
gibi ahırın kapısına yöneldi. Geriye dönüp Gümüş'e
bakmak içinden gelmedi. Artık hem Mustafa amca,
hem de o, bilinmez kaderleriyle baş başaydılar. Hancı
çocuk, Arap isimli atın üzerine binen Mustafa amcayı
uğurlamakla meşguldü, derken Karabilek her ikisinin de
yanında bitiverdi. Atın yularına yapışıp alnını severken,
bakışlarını da, Mustafa amcaya yönelterek:

"Emanetini merak etme" dedi.

İşte o an, yüreğine nur yağdı Mustafa amcanın. Öyle
ki, Karabilek'in her daim hain bakan gözleri bile aynı
nurla aydınlanmıştı. Başını tamam dercesine ciddiyetle
öne eğdikten sonra, atın baldırlarını mahmuzlayıp ok
gibi fırladı Mustafa amca. Rüyasında kendisine akıl
veren ihtiyarın nasihatini tutmuştu. Gümüş'ü önce
Allah'a sonra da en çok sakındığı kişiye yani düşmanına
emanet etmişti. Ne kadar yorgun olursa olsun artık

dinlenmiş bir atla yoldaydı. Üstelik adına yakışır şekilde simsiyah bir renge sahip olan Arap günlerdir ahırda kalmanın yarattığı kasveti üzerinden atmak için deliler gibi koşuyordu yolda. Vakit ikindiyi bulduğunda, Manisa Sarayı'nın avlusundan girmek üzereydi. Kapı kulu askerlerince durduruldu. Belindeki ferman-ı hümayunu gösterince bir telaştır aldı başını gitti. O sırada II. Murat beraberindekilerle bahçeye temiz hava almaya çıkmıştı. Bir yeniçeri koşarak önden durumu izahat etti. II. Murat, Mustafa amcanın huzuruna gelmesi için başını hafifçe öne eğerek yeniçeriye kabul buyruğunu iletti. O dakikada yanına vardı Mustafa amca. Önce önünde eğilip, kaftanının etek ucunu öperek hürmetini gösterdi. Sonra yine başı önde, belindeki pirinçten yapılma silindir kutuyu ikram etti. Kutunun kapağını açan II. Murat, Edirne sarayından yollanan ve oğlu II. Mehmet'in mührünün basılı olduğu mektubu sessizce okudu. Mektupta aynen şöyle yazılıydı:

" Baba, eğer padişah siz iseniz, geliniz ve ordunun

başına geçiniz, yok eğer padişah ben isem size emrediyorum, gelip ordunun başına geçiniz"

Kısa bir süre gözleriyle uzakları süzen II. Murat, yanındaki kıdemli yeniçeri subaylarına emir verdi. Haradaki en bakımlı ve hızlı atı hazırlamalarını emretti. Mustafa amca II. Murat yola çıkmadan önce yolun durumu ile ilgili izahat verdi. Zaten üç beş kıdemli yeniçeri subayı da kendisine bu seyahat sırasında eşlik edecekti. Yolun yarısını II. Murat'ın atı Gümüş ile kat ettiğini ve bu değerli atı Karabilek adlı bir yiğide emanet ettiğini söyleyen Mustafa amca, hünkârı önce şaşırttı, sonra da sevindirdi. Uzun zamandır atını görmeyen II. Murat, onunla yarı yolda karşılaşacağına sevinir bir yüz ifadesiyle Mustafa amcaya dönüş için yeni bir at tahsis edilmesini emretti. II. Murat ve askerleri Mustafa amcanın sarayda bir süre dinlenmesini beklemeksizin yola koyuldular. Ne de olsa mesele oyalanmaya gelmezdi. Beraberindeki askerlerle hana kadar gelen II. Murat, Mustafa amcanın bahsettiği kişiyi buldu. Karabilek hünkâra saygıda kusur etmediği gibi Gümüş'ün kaldığı ahıra giden yolda ona eşlik etmişti. Kimseyi yamacına sokmayan Gümüş, sanki soluduğu havada sahibinin kokusunu almış gibi sevinçten şaha kalkmış kişniyordu. Ne zaman ki, sesini duydu, kendi etrafında dönmekten deli divane oldu at. Hancı çocuğun hazırlattığı lezzetli yolluklarla ve Gümüş ile yola devam eden II. Murat'a, eşlik eden yeniçeri subaylarının yanında, artık Karabilek denilen eşkıya da vardı. Vardı ama eski meymenetsizliğinden eser yoktu yüzünde. II. Murat güçlü kuvvetli cüssesi ve emanetine gösterdiği yakın alaka nedeniyle, eğer kabul ederse onu orduda görev almaya ve iyi mevkilerde rütbeli askerlerinden biri yapmayı vaat etmişti. Yani Mustafa amcanın söz ettiği ettiği itibarını devletin en yüce makamından, padişahın bizzat kendisinden devralmıştı. Rüyasında görse inanmazdı bu duruma. Onları yaklaşık iki saat arayla takip eden Mustafa amca, hancı çocuktan edindiği bilgilere bir hayli sevinmişti. Böylelikle hem kellesini cellat çeşmesinde teşhir edilmekten kurtarmış, hem Gümüş'ü, ona kötülüğü dokunacak en güçlü kişiye emanet ederek zarar görmesine mani olmuştu. Rüyasında kendisine bu aklı veren ihtiyarı minnet ile anıyor, Allah'a şükürler ediyordu. Üstelik inancı kuvvetli bir insan olarak, kötü bir insanı iyi bir yola yönlendirmenin verdiği müthiş huzuru iliklerine kadar hissediyordu. Evet, bazen gözümüzden bile sakındığımız değerli şeyleri, onlara en çok kötülüğü dokunacak kişilere emanet etmek gerekebilirdi. Ve en güzel sonuçlar, bazen bu denli kötü görünüşlü bir tercihin ya da gerekliliğin sonunda karşımıza çıkabilirdi. Bu cesur davranış, hiç şüphe yok ki, kötülük edenin düzelebilmesi için ona fırsat tanımaktı. Mustafa amcanın aklından bunlar geçerken, yol neredeyse bitmişti. Rüyasında Gümüş'ü nasıl koruması gerektiğini kulağına fısıldayan ihtiyarın, hancı çocuğun babası olabileceğine hüküm getirdi. Zira Mustafa amca, Cenab-ı Allah'ın bazı kullarına, yeryüzünde iyi amellerde bulunmuş, hatırlı insanların suretleri vasıtasıyla ikazda bulunduğuna inanırdı.

Vakit gece yarısını çoktan geçmişti. Sabaha karşı beş sıraları olmalıydı. Edirne sarayına çok az bir yolu kalmıştı. Yeniden bir ticaret gemisine bindi. Karşı kıyıya ulaştığında, oyalanmaksızın sarayın yolunu tuttu. Çok değil, iki saat kadar daha at sürecekti. Aynı sıralarda II. Murat ve beraberindekiler sarayın avlusundan içeri girmişler ve saray eşrafını telaşa vermişlerdi. Nöbetçiler, durmadan oradan oraya koşturuyor, şehzade II. Mehmet'i, baş vezirleri, aşçıbaşını, yatakhaneden sorumlu kulları durumdan haberdar ediyorlardı. Gürültüye, Sonsuz, Azat ve Peri de gözlerini açmıştı. Üçü kafa kafaya vermiş kaldıkları odanın küçük penceresinden avluyu gözetliyorlardı. Gözlerine inanmakta zorlandılar. Gördükleri II. Murat'ın ta kendisiydi.

"Hayret bir şey! Gözlerimle görmesem II. Murat'ın saraya geldiğine hayatta inanmazdım" dedi Sonsuz.

Peri: "Neden ki?"

"Neden olacak, Şehzade II. Mehmet'in inadını ve cengâverliğini bilmeyen yok. Haçlı ordusuna karşı savaşmaktan kaçmayacak biridir o. Zaten ilk mektubuna olumsuz yanıt vermiş. Bu ikinci mektup işi beni düşündürüyor."

"E, aşçıbaşıyı duymadın mı? Babasını ordunun başına çağırmış." diyerek söze girdi Azat. Sonsuz, fikrinde ısrarcıydı.

"İnanmam... Hayatta yazmaz öyle bir mektup şehzade. Ya ona zorla baskı yaptı Çandarlı Halil Paşa, ya da ondan habersiz, onun ağzıyla kendisi bir mektup yazdı Manisa'ya"

"Ama Mustafa amcanın, Gümüş'ü alıp Manisa sarayına

giderken II. Murat'a bir ferman-ı hümayun taşıdığını biliyordu. Bizzat kendi gözleriyle gördü şehzade. Tabii içinde ne yazdığından haberi yok ise bilemem... Ayrıca ne fark eder ki, sonuçta tahta yine II. Murat oturacak. Onca yolu boşu boşuna gelmedi her halde" dedi Peri.

Düşüncesinde çok haklıydı. II. Murat'ın saraya dönmesi demek, palazlanmaya başlayan ve Osmanlı topraklarına karşı her fırsatta iştahı kabaran haçlı ordusuna Osmanlı'nın kolay yutulur bir lokma olmadığını gösterecek olması demekti. Çandarlı Halil Paşa herkesten önce hazır bulunmuştu karşısında. II. Murat atını emir erlerinden birine teslim eder etmez, Çandarlı paşa, şehzade II. Mehmet ve diğer ileri gelenlerle, divanın toplandığı odaya geçti. Yaklaşık iki saat süren durum değerlendirmesinden sonra aşçıbaşının ikramlarını tüketip, uyumak için müsaade istedi. Emir subaylarından birine, öğlen namazından önce uyandırılması için emir verdi. Sabahın köründe yaşanan telaş gün boyu devam edecekti. Çok geçmeden Mustafa amca da saraya gelmişti. Gelir gelmez Çandarlı

Halil Paşa'nın huzuruna çıktı. Paşa, kuşağına sıkıştırdığı bir kese altını Mustafa amcaya uzattı.

"Emaneti vaktiyle yerine ulaştırdığın için bunu hak ettin. Kellen bağışlanmış ola bilesin" dedi.

Mustafa amca elinin tersiyle, paşanın uzattığı akçeleri geri çevirdi. Gözleri hayret ve kinle kocaman açılan paşa tam ağzını açıp, hediyemi çevirmek kimin haddine diye postayı koyacaktı ki, Mustafa amca sakin ve huzur dolu sesiyle:

"Efendim, başımın affı için Allah sizden razı olsun. Ben sadece vazifemi yerine getirdim. Çalışmak ibadetin yarısıdır. Mükâfatı da Allah katındadır. Bilirsiniz ki, kefenin cebi yoktur. Dünya malından bir çöp dahi götüremez adem oğlu. Varın siz bu altınları yuva kuracak yetimlerden birine hediye eyleyin" dedi.

Mustafa amcanın altınları kibir nedeniyle geri çevirmediğine kanaat getiren Çandarlı, gülümseyen yüzüyle, Mustafa amcanın huzurundan çekilmesi için eliyle yolu gösterdi. Bu artık özgürsün dilediğini yap anlamına geliyordu. Sarayın mutfağında gündelik işlerine çoktan başlamış olan Azat, Sonsuz ve Peri ansızın Mustafa amcayı karşılarında görünce hem çok şaşırdılar hem de sevinçten havalara uçtular.

Aşçıbaşı Azat'a dönerek:

"Evlat, hadi gidin bu gün gönlünüzden ne geçiyorsa onu yapın... Belli ki, baban kelleyi kurtarmış. Yamak Ali sizin yerinize biraz daha çalışacak ama olsun. O alışkın." Dedi.

Yamak Ali, hayal kırıklığını belli etmemek için yüzüne zoraki bir gülümseme kondurdu. Lakin gönlü aşçıbaşı gibi düşünüyordu. Zira hanidir mutfakta onların sayesinde eli sıcak sudan soğuk suya değmiyordu. Bir gün dediğin çabucak geçer diye düşündü ve onları mutfaktan uğurladı. Hep beraber sarayın avlusuna çıktılar. Temiz hava ciğerlerine doldukça yaşadıklarını daha çok hissediyorlardı. Gel gelelim ortalık durulmamıştı. Şehzade II. Mehmet'in atı haradan çıkarılmış, yanına da altı kıdemli yeniçeri subayı verilmişti. Belli ki, şehzadenin saraydan Manisa'ya dönmesi istenmişti. Telaş sadece bununla kalsa iyiydi. Sarayın hemen bitişiğinde yer alan askeri meydanda bütün atlı süvariler, kıdemli kıdemsiz yeniçerililer savaş esvaplarını giyinmiş, kılıç ve kalkanlarını kuşanmış hizaya geçmeye çalışıyorlardı. II. Murat Gümüş'ün üzerinde Osmanlı ordusunun en ön safhında yer alıyordu. Oğlunun savaşa katılmasını istemediği gibi Manisa sarayına dönüşünü de görmek istememişti. Belli ki, şehzade tahtı çok sevdiği babasına bırakmaktan ziyade, halkın ve düşmanlarının gözünde tahttan indirilmiş bir padişah sıfatıyla anılacak olmaktan büyük üzüntü duymaktaydı. Atının üzerinde Manisa sarayının yolunu tutarken, bu utancı yaşamak zorunda kalmak, gözlerini yaşla doldurmuştu. Fakat hem kendine, hem beraberindeki yeniçerililere ruhundaki harabeyi göstermemek adına, zorla da olsa kendini tutmuş, gözyaşlarını içine akıtmıştı.

II. Murat Avrupa'ya korku ve dehşet salan büyük Osmanlı ordusuyla Varna'ya doğru yola çıkmak üzereydi. Kıdemli bir yeniçeri subayı ordugâhtaki yerini almadan önce avludan geçerken Sonsuz ve beraberindekileri görüp yanlarına geldi.

"Siz neden buradasınız? Derhal orduya katılın. Osmanlıdaki her erkek bu savaşa katılacak. Düşmanımız güçlü. Bir kişi bile bizim için önemli. Haydi, kız gibi dikilmeyin, düşün önüme" dedi. Yeniçeriye çıt bile çıkartamadılar. Sadece Mustafa amca, rica eden sesiyle:

"Yaşayacağım kadar yaşadım. Bu yaştan sonra ölsem bile gam yemem. Ben de evlatlarımın yanındayım" diyerek düştü arkalarına. Yeniçeri sesini çıkartmadı. O sadece, savaşın ne denli kanlı geçeceğini hayal etmekteydi o sırada. Sonsuz, Azat ve Peri'yi bir telaştır aldı. Artık Varna savaşından ve 1444 senesinden kurtulmalarına imkân yoktu.

Sonsuz: "Buraya kadarmış arkadaşlar" diyerek durumun vahimliğini dile getirdi.

Azat: "Edirne'nin her köşesini, her tepesini aradık. O lanet olası kerkenezi bir türlü bulamadık" dedi.

Bir süre hiç sesini çıkarmadı Sonsuz. Eve dönüşleri için tek şansları olan kerkenez kim bilir nerelere uçup gitmişti. Arkadan aynı umutsuzlukla kendilerini takip eden Mustafa amcayı bekledi. Yan yana geldiklerinde elini Mustafa amcanın omzuna koyarak:

"Mustafa amca, savaşta ne yapıp edip birbirimizden ayrılmayacağız tamam mı?"

"Evlat nasıl olacak o iş?"

"Hepimiz birbirimize sırtımızı döneceğiz. Böylece, yüzümüz düşmana dönük şekilde bir kare oluşturacağız. İçimizden biri yaralanacak olursa onu oluşturduğumuz karenin içine alacağız"

Azat söze karıştı: "Yani yaralananı üçgen olup koruyacağız"

"Hah! Evet, aynen öyle, ne olursa olsun bu planın dışına çıkmayalım... Belki savaştan sağ kurtulma şansımız olur" dedi Sonsuz.

Bir süre sonra kılıç ve kalkanlarıyla ordudaki yerlerini aldılar. Osmanlı ordusu haçlı ordusuna karşı yola çıktı. Ordunun başında, görkemli atıyla padişah II. Murat vardı. Hemen ardında, yeni çeri ocağının gözdeleri atlı süvariler, onların ardında mızraklı askerler, sonrasında keskin nişancılıklarıyla ünlü okçu birlikleri ve en arkada da kılıç ve kalkanlarıyla kuşanmış yeniçeri erleri yer almaktaydı. Müslüman ordusunun yayılması karşısında dehşete düşen papa, haçlı ordusuna, bu savaşın Müslümanlara karşı yapılacak kutsal bir savaş olduğunu ilan etmişti. Günler süren bir yolculuğun ardından, İslam ve Hıristiyan ordusu 10 Kasım 1444 sabahında, Karadeniz kıyısındaki liman kenti Varna'da karşılaştılar. Hıristiyanların lideri, Maceristan ve Polonya kralı Ladislas sağ tarafına paralı askerler olarak görev yapan Fransız şövalyelerini, soluna ise Hıristiyanlığı yaymak adına orduya katılan haçlı askerlerini aldı. Saldırıya geçen Hıristiyanlar Türklerin sağ kanadını kırmayı başardı. Oldukça kanlı bir savaş hüküm sürüyordu. Sonsuz ve beraberindekiler, plana uygun hareket ederek birbirlerini kolluyorlar, karşılaştıkları haçlı askerlerin kılıçlarını ya da kalkanlarını ellerinden düşürerek, yeniçeri askerlerinin işlerini kolaylaştırıyorlardı. Sağ kanadı kıran haçlı ordusu cesaretlenmiş görünüyordu. Lakin II. Murat'ın yönetimindeki Osmanlı ordusu da, sol kanattan aynı şiddetle karşı saldırıya geçmişti. Eşi benzeri görülmemiş bir cenk oluyordu. Her yer kan gölüne dönmüştü. Savaş naralarına, yaralıların inleyen sesleri eşlik ediyordu. Güzelim atlar ziyan olmuş halde yerde yatıyor, yeniçerilerin hışmından kaçmaya çalışan Hıristiyan askerler atları kendilerine siper ediyorlar lakin mutlak sondan kurtulamıyorlardı. Osmanlı ordusu da çok kayıp veriyordu. Akşam olduğunda zayıflayan ve yenilmek üzere olan Osmanlı ordusu savaş meydanından çekilmek zorunda kaldı. Sonsuz ve diğerleri ufak tefek sıyrıklar alsalar bile ölüme meydan okumayı başarmışlardı. II. Murat'ın ordusunun geri çekilmesiyle biraz olsun nefes alabileceklerdi.

"Biliyor musun?" diye seslendi Azat, nefes nefese kalan sesiyle Sonsuza.

"Neyi?"

"Ülkemi şimdi daha çok sevdiğimi… Böylesi kanlı savaşlardan galip çıkmış bir ulusun evladı olmaktan ancak onur duyarım"

Haklısın, dercesine başını salladı Sonsuz. Hepsinin belleri bükülmüş, elleri dizlerine dayanmıştı. Yüzleri ölen insanlardan sıçrayan kanlarla kıpkırmızı olmuştu. Savaş meydanında, çekilen Osmanlı ordusundan geriye sadece yeniçeriler kalmıştı. Yeniçeriler, düşmanlarını yanıltarak, yerlerinden kaçıyorlarmış gibi yapıp, dağların eteklerinde kendilerine güvenli yerler aramaya koyuldular. Böylelikle, üzerlerine doğru gelen düşman, aradaki hendeği fark etmeyecekti. Osmanlı ordusunun gücünü kırdığını düşünen Macar kralı Ladislas, atını Osmanlı ordusunun çekildiği noktaya doğru sürdü. Aynı hızla peşinden haçlı ordusu da gelmekteydi. Tepelik alanda saklanan okçulara karşı savaşmak delilikten başka bir şey değildi. Nitekim II. Murat'ın emriyle orduya katılan Karabilek attığı oklarla, zırhı altın gibi parlayan bir şövalyeyi kayaların dibine doğru sürdü. Bu şövalye Ladislas'ın ta kendisiydi. Kayalık bölgeye sıkışan Ladislas, Koca Hıdır'ın kılıcıyla kellesinden oldu. Koca Hıdır, Ladislas'ın kellesini derhal II. Murat'ın önüne getirdi. Okçuların attığı oklar, yağmur gibi haçlıların üzerine yağıyordu. Her taşın, her ağacın, her çalının arkasından geri çekildi sanılan yeniçerililer çıkıyor ve düşmanını tek tek avlıyordu. Bir yeniçeri askerinin haçlı ordusunun komutanı Macar kralının kellesini mızrağa takıp, askerlere:

"Kimin için savaşıyorsunuz?" diye seslenmesi üzerine, haçlı ordusu savaş alanını terk edip, süratle kaçmaya başlamıştı. Evet, haçlı ordusunun komutanı Macar Kralının ölümüyle savaş sona ermişti. Öylesine kanlı bir mücadele yaşamıştı ki Osmanlı ordusu, II. Murat hayatta kalan yeniçeri askerlerine, rabbim bana bir daha böyle kanlı bir zafer nasip etmesin demişti.

Gökyüzünden tek tük de olsa ok yağmaktaydı. İşte ne olduysa tam da o sırada oldu. Sonsuz, Peri ve Azat'ın ayaklarının dibine gökyüzünden okla vurulmuş bir kerkenez düştü. Kuşa gözlerini ovuşturarak bakıyorlardı. Çünkü kuşun boynunda fellek fellek aradıkları kilidi görmüşlerdi. Üçü birden aynı anda ellerini uzattılar.

Sonsuz, biraz ötelerinde bir kaya dibinde başının üstünde vızıldayan tek tük oklara karşı siper almış Mustafa amcayı göstererek:

"Haydi, hemen yanına gidelim ve bu kıyametin içinden kurtulalım" dedi.

Üç arkadaş, can hıraş yaralanmamak için ellerinden geleni yaparak Mustafa amcanın yanına ulaştı. Üzerlerine kan bulaşmış yeniçeri kıyafetlerini ve börklerini(*) çıkartıp kayanın dibine bıraktılar. Eski kıyafetleriyle kalmışlardı. Dördü birden kol kola girdiler. Azat, bisiklet kilidinin numaratörünü hızla 2014 senesine çevirdi. Aynı anda nurlu bir ışık, Osmanlı ordusunun zaferiyle son bulan Varna meydanından gökyüzüne doğru yükseldi ve kayboldu.

***

* Börk: Yeniçeri askerlerinin kullandıkları başlık.

II. Murat Türklerin Avrupa topraklarından atılamayacağını tüm Hıristiyan âlemine Varna Savaşı ile duyurmuştu. Varna zaferi sayesinde haçlılar bundan böyle, Osmanlı topraklarına göz dikmekten uzun süre vazgeçeceklerdi. Sonsuz, Azat, Peri ve Mustafa amca, İzmir'e, aynı geceye ve aynı dakikaya döndüler. Mustafa amca evinin duvarının dibinde oturur vaziyette baygın halde duruyordu. Üç arkadaş, Azat'ın yardımıyla evin banyosuna gidip, ellerindeki ve yüzlerindeki kanları bol suyla yıkadılar. Bir miktar su ve nemli bez ile Mustafa amcanın yanına döndüler. Onun da yüzünü bir güzel temizleyip, ellerindeki kanlı malzemeleri sokak lambasının altında duran çöp bidonuna attılar. Yüzünün ıslanmasıyla gözlerini hafifçe aralayan Mustafa amca, kendine geldiğinde sağını solunu iyiden iyiye yokladı.

"Neredeyim ben? Annen nerede" diye sordu.

Azat ve diğerleri hiçbir şey olmamış gibi:

"Annem içerde, uyuyalı çok oldu. Nerede olacaksın

baba, akşam Resul amcalardaydık eve geldiğimizde fenalaşıp duvarın dibine çöktün. Ben de endişelendim tabii. Azat ile kuzeni en sevdiğin tespihi onlarda unutunca arkamızdan getirmişler. Sağ olsunlar onlar koştu yardımıma."

"Allah Allah, hâlbuki ben..."

Muhtemelen çocuklara, Osmanlı imparatorluğunda geçirdiği günlerden bahsedecekti. Fakat psikojenik füg denilen rahatsızlığından şüphelenerek, bütün yaşananların zihninin ona yaptığı bir oyun olduğunu, hatırlayıp unuttuğu şeyler arasında ciddi bağlar bulunmadığını farz ederek sustu. Savaşta hırpalanan bedenindeki ağrıya aldırmaksızın, çocuklara:

"Haydi, herkes evine gitsin bakalım" diyerek içeri girdi.

Sonsuz, elini Peri'nin omuzuna attı.

Şaka yollu takılarak:

"Bak kuzen, bir daha sakın bu kilidi tespih gibi elinde sallamaya kalkma. Unutma, bir gün kendi uygarlığına geri döneceğine inanıyorsan eğer, ona gözün gibi bakmalısın. Allah'tan Mustafa amcanın hafızasıyla ilgili kısa süreli bir sorunu vardı. Yoksa yanımızda babam gibi hafızası kuvvetli birinin gelmiş olabileceğini düşünmek dahi istemem. Bilmem anlatabildim mi?"

SON

İSTANBUL'UN FETHİ

Kasım ayının ortalarıydı. Omuzlarında müthiş bir ağırlık vardı Sonsuz'un. Okulun, son ders saatine gireli henüz on dakika kadar olmuştu. Hasta olduğu için Azat okula gelmediğinden, günü en az dinlediği ders kadar sıkıcı geçmişti. Öğretmenin gözünden uzak olmak için sığındığı en arka sırada, neredeyse uyudu uyuyacaktı. Tarih öğretmeni, coşkulu sesiyle bütün sınıfa İstanbul'un Fethi'ni anlatıyordu. Bunu yaparken, sesi sınıfa yeterince dağılsın diye sıralar arasındaki dar alanda volta atıyor, gizliden bir otorite uyandırmak için yürürken ayaklarıyla yeri adeta dövüyordu. Zaman zaman kocaman açtığı gözleri, sağa sola savurduğu kollarıyla, ders anlatmıyor, sanki Fatih Sultan Mehmet'in ki gibi cengaver bir ordu yönetiyordu. İki lafından biri, bu toprakların kolay kazanılmadığı, Türklerin hemen hemen girdiği her savaşın sonunda tarihe adını altın harflerle yazdığıydı. Siyah, kıvırcık saçları kulak memesinin altında son bulan bu ufak tefek tarih öğretmeni Nevin Hanım, çocuk ruhluydu. Tarih dersini daha eğlenceli hale sokmak uğruna, çoğu zaman öğretmen değil, tiyatro sanatçısı gibi davranıyordu. Tarihi çok iyi biliyordu ve onun kasvetli havasını dağıtmak adına büründüğü rollerle komik durumlara dahi düştüğü oluyordu. Her ne şekilde algılanırsa algılansın, Nevin öğretmen düştüğü durumdan utanmıyor, bilakis bu şekilde davranarak engin tarih bilgisini öğrencilerin körpecik zihinlerine hissettirmeden aktarabiliyordu. Bunun en iyi kanıtı, derslerine girdiği sınıfların tarih notlarının, diğer sınıfların ortalamalarının üzerinde olmasıydı. Ara sıra bu gerçeği hatırlatma gereği duyduğunda, dersi bölüp, bizzat ifadeye yeltenir ve kısacık boyunu herkesin görebileceğini umarak parmak uçlarında hafifçe yükseltir, nazikâne bir tonla aynen şöyle seslenirdi: "Bir dersi çok iyi şekilde dile getirebilirsiniz, fakat içinizdeki bilgiyi bir öğrencinin zihnine aktarabilme başarısına sahip olmak, o dersin en iyi anlatım şeklidir"

Gel gelelim Sonsuz'un tarih notu geçmek ile kalmak

arasında sınırda bir noktadaydı. Bundan sonra alacağı ilk kırık notta, dönem sonuna kadar durumunu düzeltmesi mümkün olmayacaktı. Öğretmen uzunca bir zamandır konuşuyor olmalıydı. Nihayet son zil sesiyle ders bitmişti. O sessiz sınıf bir anda uğultulara boğulmuştu. Öğretmen, kendisinden önce kapıya akın eden öğrencilere son bir gayretle sesini duyurmaya çalışıyordu.

"Bir sonraki derste, İstanbul'un Fethine dair ders kitaplarında yazılmayanları araştırmanızı ve sınıfta bizimle paylaşmanızı istiyorum. En iyi araştırmayı yapan, en yüksek sözlü notunu alacak... Girdiğim bütün sınıfların ortak ödevidir bu... Duydunuz mu çocuklar?"

Henüz sınıftan çıkamamış olanlar, Nevin öğretmenin sözlerini işitmişti, lakin koridorlara yıldırım hızıyla dağılanların durumdan haberleri olması mümkün görünmüyordu. Sonsuz, okul saatinin bitmesine karşın hala canlanmamıştı. Uyuşuk uyuşuk, sırasının üzerini topluyordu. Nevin öğretmen sınıfı terk etmeden önce yoklama defterini son bir kez gözden geçirircesine oyalanıyor, sanki Sonsuz'la konuşmak için fırsat kolluyordu. Varını yoğunu sırt çantasına yerleştiren Sonsuz kapıya yaklaştığı anda arkasından seslendi öğretmen.

"Son sözlerimi işittin öğle değil mi?"

Şaşırdı Sonsuz, dalgındı. Bir an, ne sorduğunu anlamaya çalıştı. Nevin öğretmen, yakın gözlüklerinin üzerinden savurduğu manidar bakışlarıyla süzüm süzüm süzüyordu öğrencisini. Evet anlamında başını salladı Sonsuz. İçi rahatlayan öğretmen, sınıf defterini kapatarak, tıpkı rakibini mars etmiş bir tavlacı gibi onu Sonsuz'un kolunun altına yerleştirdi.

"Giderken, bir zahmet bunu müdür beyin odasına bırakıver" dedi.

Bir an önce açık havaya çıkıp, ciğerlerine oksijen doldurmak istiyordu. Belki bu onu biraz kendine getirebilirdi. Zira eve gitmeden önce yakın arkadaşı Azat'ın yanına uğrayıp, nasıl olduğuna bakmayı planlıyordu. Sessiz bir kabullenişle, defteri müdür beyin odasına bıraktı. Bulabildiği pencerelerden ince uzun koridora saçılan günışığı, oyun oynamak için paçasına yapışan çocuklar gibi önünde arkasında beliriyordu Sonsuz'un. Gözden kaybolduğunda, oyun arkadaşına küsmüş gibi ışıklarını yeryüzünden çekmeye, gün batımının içine sinmeye başlamıştı güneş. Azat'ların yaşadığı eve geldiğinde kapıyı mümkün olduğunca sessiz çalmaya çalıştı. Ne de olsa kötü bir gribe yakalanmış ve iki gündür yorgan döşek yatmaktaydı arkadaşı. Kapı açıldığında ummadığı bir manzarayla karşılaştı Sonsuz. Kapıda duran Peri'nin ta kendisiydi. Girişin hemen arkasındaki geniş odada duvarın dibindeki koltukta Azat'ın annesi Güllü Hanım oturuyordu.

İçeri gel oğlum diye seslendi. Sonra lafı biter bitmez gülümseyen yüzüyle:

"Bak kuzenin Peri de, burada. O da merak etmiş Azat'ı. Sağ olsun bir ıhlamur kaynattı, bir ter attı Azat, bir sıcak duş..."

Sözünü kesti Sonsuz: " Ya doktorun verdiği ilaçlar?"

Güllü Hanım teyze Peri'ye toz kondurmamakta kararlıydı.

"Evladım bilmezmiş gibi konuşma şu grip illetini.

Doktora gidersen beş günde, gitmezsen yedi günde geçiyor zaten. Ama maşallah hanım kızımın maharetli ellerinden olacak iyileşti bizim oğlan"

Sonra dönüp kız ile oğlan çocuğu arasında gidip gelen tipiyle karşısında dikelen Peri'nin kulağına fısıldayıp: "Her şeyi berbat etmek için mi dolaşıyorsun ayakaltında?" diye söylendi Sonsuz. Peri'nin de altta kalır yanı yoktu: "Ne var bunda? Kötü mü ettik? Bak iyileşti işte Azat" dedi.

Sonsuz: "Öyle ama Mustafa amca seni oğlana benzetiyor, Güllü teyze ise kızım diye sesleniyor. İkisiyle aynı anda karşılaşırsan ne olur sence?"

Peri bir an duraklasa bile kontrolü elden bırakmıyordu. Alçak ama inatçı ses tonuyla cevap vermekte gecikmedi Sonsuz'a.

"Unuttun mu? Psikojenik fügü var onun. Balık hafızalı yani"

Sustu sonsuz, pek keyfi yok gibiydi. Belki şu malum gribe bile yakanmış olabilirdi. Aynı dakikalarda Azat geldi içeriden. Elinde bir bardak ıhlamur daha vardı.

"Merhaba" diyerek girdi söze. Elindeki kulplu bardağı göstererek:

"Bir yudum bile almadım henüz, içmek ister misin? Okul çıkışı iyi gelir" dedi.

"Hayır teşekkür ederim"

"Keyfin yok gibi, okulda bir şey mi oldu?"

Güllü hanım teyze oturduğu koltuktan pür dikkat çocukları dinliyordu. Birden hepsi sus pus oldular. Konuşacaklarının, onu ilgilendirmediği konusunda hem fikirdiler. Gözlerinin ucuyla suratına git dercesine baktıklarında o da koltuktan kalkıp mutfağın yolunu tutmakta gecikmedi zaten.

Giderken; "Sonsuz oğlum, baban gelincik böreğini çok sever. Tazecik, bir tabağa koyalım da giderken götür. Fulya da yesin bak, sebze küçük çocuklar için çok iyidir" dedi.

Kararsız bir olur yanıtı çıktı Sonsuz'un ağzından. Kendisi de severdi bu böğreği. Baharda kırlarda açan gelincik çiçeklerinin bitkisinden yapılırdı. Mevsimi olmamasına karşın, gelincikli börek yaptığına göre vaktiyle topladıklarını derin dondurucuya koymuş olmalıydı Güllü teyze. Kendi kendine konuşarak gözden kayboldu. Son söylediği söz:

"Gerçi gelincik pek azdı, içine ıspanak da karıştırdım ama olsun" idi.

Annesinden boşalan koltuğa Sonsuz ile Peri'yi oturtan Azat endişeyle sordu:

"Hayırdır?"

"Tarihçi!"

"Nevin öğretmen mi?"

"Evet, bütün sınıfa İstanbul'un Fethi sırasında ders kitaplarında yazılmayan ilginç bilgileri araştırın sözlü yapacağım dedi. Eğer bir kez daha kırık not alırsam ortalamamı hayatta düzeltemem. Bu da babamın yaz tatilini bana zehir etmesi demek"

Peri şaşırmıştı. Defalarca Fatih Sultan Mehmet'in yaşadığı döneme gitmelerine karşın, Sonsuz'un Tarih dersinden kırık not almasını anlayamıyordu.

"Bunu nasıl beceriyorsun Sonsuz? Fatih ile ilgili en gerçek bilgileri bizzat yaşayıp öğrendiğin halde bu dersten nasıl başarısız olursun?"

"Çünkü Tarih dersi sadece Fatih Sultan Mehmet'ten ibaret değil. Sene başından beri çok farklı konular işledik ve sorduğun sorunun cevabını merak ediyorsan

açıklayayım; siz ikiniz o kilide gözünüz gibi bakıp,
sakarlık yapmasaydınız, iki de bir boyut değiştirip
başımı derde sokmam gerekmezdi. Oturur bir güzel
dersimi çalışırdım küçük hanım"

Peri, Sonsuz'un sitemli sözlerine verecek karşılık
bulamadı. Haksız da sayılmazdı. Azat, kilidi ilk
gördüğünde merak edip kurcalamasaydı, ya da kendisi
onu yanlışlıkla Mustafa amcanın şalvara benzeyen
pantolonunun arka cebine düşürmeseydi defalarca
1400'lü yıllara gitmek zorunda kalmayacaklardı. Üstelik
gittikleri yerlerde de başları dertten kurtulmamıştı.
Hele son maceralarında yani 10 Kasım 1444'de,
Varna muhaberesi sırasında, boynunda Peri'nin mistik
kilidiyle haftalardır diyar diyar gezen Kerkenez, bir
yeniçerinin yayından fırlayan okla vurulup, ayaklarının
dibine düşmeseydi, belki şimdi hiç biri burada
olamayacaklardı. Azat'ın kavga seyredecek hali yoktu.

"Hey! Ne oluyor size? Hasta ziyaretine mi geldiniz,
kavga etmeye mi? Anneme yakalanmak mı istiyorsunuz

yoksa?"

Azat'ın sitem dolu sözlerinin ardından ortalığa öyle bir sessizlik çökmüştü ki, koridorun sonunda bulunan mutfaktan, Güllü teyzenin takırtıları bile işitiliyordu.

"Artık gidelim! Seni iyi gördüğüme sevindim Azat" dedi Sonsuz.

"Otursaydınız, ortalığı birbirine katmadıktan sonra sorun olmazdı."

"Yok, kalkalım biz. Mustafa amca birazdan camiden döner. Yakalanırsak Peri zor durumda kalmasın. Malum kız erkek meselesi"

"Pekiyi, siz bilirsiniz" dedi Azat ve arkadaşlarını kapıya kadar yolcu etti. Geriye dönüp, kanepeye uzandığında, annesi elinde böreklerle kala kalmıştı.

"Hani çocuklar nerede?"

"Gittiler"

"Ya börekler?"

"Unuttular, Sonsuz'un ders çalışması gerekiyormuş acelesi vardı."

"İyi ya oğlum, aç karınla ders mi çalışılırmış hiç?"

Cevap vermedi Azat. Annesinin inadını biliyordu. Tipik Türk kadınıydı. Evcimen, fedakâr, yorulmak nedir bilmeyen, kendinden başka herkes için endişe eden. Güllü hanım şöyle bir Azat'a baktıktan sonra:

"Sen nasılsın peki?"

Azat başına gelecekleri anlamıştı.

"Anne ya, birazcık canlandım diye gene iş mi çıkartacaksın başıma"

"Haydi, oğlum haydi! Şimdi çıksan yetişirsin arkalarından. Yedirmek içirmek sevaptır"

***

Annesinin son sözleri kulağında çınlıyordu Azat'ın. "Yedirmek içirmek sevaptır"

Giderek birbirlerine yabancılaşan insanların arasında, annesi ve babası gibi sağduyulu, eski gelenek ve görenekleri yaşatmaya çalışan, özverili insanlar huzur veriyordu ona. Bir an, boşu boşuna sitem ettiğini, zaten Sonsuz'u görmek için elindeki börekler olmasa, başka bir bahane yaratacağını düşündü. Bıyıkaltından gülümseyerek, önünde uzanan yola koyuldu. Güneşin batmadan az evvelki ışıkları gökyüzünde, kızıl bir deniz oluşturmuş gibiydi. Kuşlar, ulu ağaçların dallarındaki yuvalarına çekilmek için alelacele uçmaktaydılar. Sonsuz ile Peri ne çabuk gözden kayboldular diye geçirdi içinden. Aynı yolu kullanmış olsalardı, şimdiye muhakkak yetişmişti arkalarından. Lakin Sonsuz, Peri'nin Azat'larda belli etmek istemediği bir üzüntüsü olduğunu hissettikten hemen sonra, buna kayıtsız kalmamış ve birlikte uzun uzun konuşabilmeleri için kasıtlı olarak evin yolunu uzatmıştı. Peri'yi tanıyalı aylar olmuştu. Başına gelen kozmik patlama sonucu yeryüzüne düşmesi ve onunla arkadaş olmaları güzel bir tesadüftü. Fakat bu arkadaşlığın sonu nereye kadar gidecekti, bunun cevabını kimse bilmiyordu. O güne değin, düşünme fırsatları bile olmamıştı belki. Malum, her sakarlıkta boyut değiştirip, tarihin arka sokaklarına gidip dönmekten, buna vakit bulamamışlardı zaten. Ama bu gün, durum biraz vahim görünüyordu. Zira Peri, hasta olan arkadaşı Azat'tan bile saklamıştı yaşadığı üzüntüyü ama Sonsuz'un dikkatinden kaçmamıştı. Hafif esen rüzgâra sararmış yapraklarını kaptıran yaşlı bir dut ağacının altına oturdular. Bir müddet derin derin nefes alıp, oturdukları yerde yapraklar gibi sessizce süzüldüler. Hem Sonsuz'un, hem de Peri'nin gözleri uzaklara dalmıştı.

"Neler oluyor Peri?"

Hiç konuşmasa yeriydi. Az evvel Azat'lardaki dik kafalı kız gitmiş, yerine durgun, garip biri gelmişti.

"Seni üzen nedir?"

Kıyafetinin cebindeki kilidi çıkartıp Sonsuz'un eline bıraktı Peri.

"Hayırdır? Bunu neden yaptın şimdi?"

"Bilmen gerekiyor, beni ait olduğum uygarlığa götürebilecek tek şey bu ve artık bozuk"

"Bozuk mu? Neler söylüyorsun Peri? Bu nasıl olur?"

"Bilmiyorum, iki de bir cızırtılı sesler veriyor. Dokunduğumda bazen kısa devre yapar gibi elektrik çarpıyor. Bu haliyle beni uzaklara fırlatamayacağı gibi kendi ırkımdan birinin beni bulup, buralardan götürmesi de imkânsız görünüyor. Sizin garajda da ne kadar yaşayabilirim ki? Akşam olduğunda, hepiniz yuvanıza gidiyorsunuz. Ailenizle konuşuyorsunuz fakat ben kimselere görünmemek için bir ucube gibi garajın tavan arasında saklanıyorum."

İşittikleri hoşuna gitmese de, haklıydı Peri. O kozmik patlamadan sonra gerçek adını bile hatırlayamıyordu. İlk tanıştıklarında bir kez suretini değiştirip sevimsiz bir yaratık olmuştu ama artık onu bile yapamıyordu. Sanki giderek insanlaşıyordu.

"Anlıyorum seni ama bu konuda yapabileceğimiz bir şey yok. Ayrıca şu lanet olası kilidin bozulması olacak iş değil. Tam da İstanbul'un Fethi'ni araştırmam gereken bir dönemde" diye karşılık verdi Sonsuz. Peri arkadaşına kızmıştı:

"Anlıyorum diyorsun ama anlamıyorsun. Sana buraya ait olmadığımı söylüyorum. Buradan gitmek istediğimi fakat sen ne yapıyorsun? İstanbul'un Fethini göremeyeceğine üzülüyorsun. bana değil"

Pot kırmıştı Sonsuz. İki arada bir derede kalmak bu olsa gerekti.

"Yanılıyorsun, hem benim için hem de Azat için çok değerlisin. Senin mutlu olman için ikimizin de yapamayacağı şey yok. Ama şu halimize bir bak. Yeryüzünün teknolojisi seni ait olduğun uygarlığa götürmeye yeter mi sanıyorsun? Hem bunu kimden rica edebiliriz? Senin dünyalı olmadığını anladıktan sonra başına neler geleceğini nereden kestirebilirim? Ya daha büyük bir tehlikeyle karşılaşırsan? Ya, insanlar seni incelemek isterlerse. Laboratuvar maymunları gibi demir parmaklıkların ardında yaşamak şimdiki halinden çok mu güzel sanıyorsun?"

Söyleyecek hiçbir şey bulamadı Peri. Göz yaşları yanaklarına, oradan da toprağa süzülüyordu. Arkadaşının çaresizliğine kayıtsız kalamayan Sonsuz, teselli etmek adına hafifçe omuzuna dokundu.

"Haydi! Lütfen böyle yapma. İnan bana biz de en az senin kadar üzülüyoruz. Biraz daha zaman geçsin. Bu arada bizler de neler yapabileceğimizi düşünelim olur mu? Ama söz ver bana, sen de bize yardım edeceksin tamam mı?"

Cılız bir tamam sözü çıktı Peri'nin ağzından. Bu kadarı bile Sonsuz'a yeterdi.

"Eh, hadi o zaman kalkalım. Doğru eve. Bu konuyu en kısa zamanda toplanıp konuşacağız."

Rahatlayan Peri, yerinden kalktı, sonsuzun eline yapıştı ve onun da kalkmasına yardım etti.

"Gidelim, senin için zor bir gün olmuş belli. Tarih dersinden kalacak olmana çok üzüldüm"

"Yapacak bir şey yok. Oturup çalışacağız"

"Emin misin? Sen saatlerce odaya tıkılıp kalamazsın"

Ders konusu açıldığında ister istemez canı sıkılıyordu Sonsuz'un.

"Daha iyi bir fikrin mi var?"

Yüzünü buruşturup ağacın dallarını incelemeye koyuldu Peri. Başı yukarıda bir süre Sonsuz'la konuştu:

"Evet, aslında bir fikrim var. Gece herkes uyuduktan sonra garajın tavan arasında buluşalım. Azat'sız olmaz tabii... Hem kilidi tamir etmenin bir yolu var mı araştıralım, hem de bunu başarabilirsek İstanbul'un..."

Başını arkadaşına çevirmişti lakin henüz lafını

bitirmemişti ki, Sonsuz araya girip Peri'yi uyarmak zorunda kaldı.

"Bana sakın 1453 senesine gitmek istediğini söyleme. Hiç birimiz bunu yapmak zorunda değiliz. Oturur, paşa paşa çalışırım, araştırırım dersimi. Söylediğin şeye bak, hem de kilit marazlıyken(*)"

İki arkadaş, bu muhabbetin üstüne tek kelime etmeden yeniden evin yolunu tuttular. Kapıya geldiklerinde, Azat elinde börek tabağı ile zili çalmak üzereydi. Peri, kısa bir selamlaşmanın ardından, etrafta kimselerin olmadığını görünce garaja süzülüp gözden kayboldu. Bunu o kadar hızla yapmıştı ki, arkasından börek istemez misin diye bağıran Azat'ın ağzı açık kalmıştı.

"Nefis görünüyorlar" dedi Sonsuz ve ince bir dilime elini uzattı. Aynı anda şak diye bir ses duyuldu. Azat, arkadaşının eline vurmuştu. Şaşkın gözlerle tabağa bakan Sonsuz yutkundu. Azat ise:

*   Maraz: Rahatsızlık, görev bozukluğu meydana getiren aksaklık

" Aç gözlülük etme lütfen. Annem hepinize yolladı onları" diyerek savunmaya geçti. Kapıdaki didişmeye kulak kesilen Esin Hanım, çok geçmeden dışarı çıktı.

"Merhaba çocuklar, bu ne güzel sürpriz, hem de elinizde börekle."

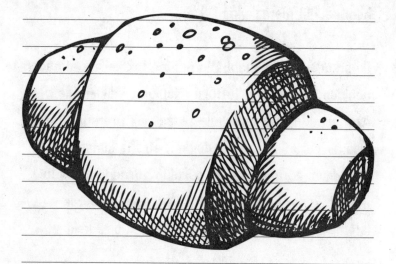

Azat'ın elindeki gelincik böreği tabağını alırken, gülümseyerek teşekkür etti.

"İçeri girmeyecek misiniz?"

Azat, bilmem ki dercesine bakıyordu. Esin hanım endişesini üzerinden atması için:

"Merak etme, şimdi annene telefon açar, gecikeceğini söylerim. Siz ikiniz birbirinizi uzun uzadıya görmeyince ortalığı velveleye veriyorsunuz" dedi.

Azat hala tereddütteydi. Sonsuz koluyla sırtına bir dirsek atıp, onu içeriye yöneltti. Annesinin mutfağa doğru gitmesini fırsat bilen Sonsuz:

"Sana bir şey söyleyeceğim ama..."

"Ama ne?"

"İyi mi kötü mü bilemiyorum. Yani fikir biraz boyumuzu aşıyor..."

"Nasıl yani? Anlatsana biraz..."

İki arkadaş, önce mutfağa gidip, odada atıştırmak

üzere birer tabak hazırlayıp üst kata çıktılar. Esin Hanım, arkalarından başını öylesine salladı ve:

"Ne zaman akıllanacak bunlar bilmem. Bari Güllü hanımı arayayım da Azat'ı merak etmesin. Bu ziyaret ertesi sabaha anca biter görünüyor" dedi usulca.

İki kafadar odaya çıkıp yerleştiklerinde Sonsuz başladı anlatmaya:

"Peri..."

"Ne olmuş Peri'ye?"

"Kendisini buraya ait hissetmiyor. Evine dönmek istiyor ama bunu nasıl yapacağını da bilmiyor. Şimdiye kadar garajda iyi kötü yaşıyordu fakat çok yalnızlık çekiyor. İçinde aile özlemi var ve bu özlemle baş edemiyor."

"İyi ama ona nasıl yardım edebiliriz ki biz?"

Derin bir of çekti Sonsuz: "Bir bilsem... Çok haklı ama Peri... Akşam olunca biz evimize çekiliyoruz, bir derdimiz olsa annemiz babamız ilgileniyor. Yetimhanelerdeki çocuklardan ne farkı var ki, Peri'nin? Onların bile danışabilecekleri, üzüldüklerinde dertlerini dinleyebilecekleri birileri var."

Alt kattan Esin Hanım'ın sesi yükseldi.

"Sonsuz baban geldi, birazdan yemek hazır olur, haydi inin aşağıya"

Sesi duyar duymaz, gece boyunca rahatsız edilmemek için odasının kapısını açıp aşağıya seslendi Sonsuz:

"Anne siz keyfinize bakın, aldığımız tabaklar bize yeter. Tarih notumu yükseltmem gerekiyor bu nedenle bütün gece ders çalışacağız biz. Size afiyet olsun"

Tam sözlerini bitirmişti ki, merdivenlerden babası çıktı. Sonsuz'un odasında oturan Azat ile göz göze geldi.

"Hoş geldin Azat, geçmiş olsun, hastaymışsın..."

"Önemli bir şey değil Resul amca biraz üşütmüş olmalıyım"

Resul bey, davet beklemeksizin odaya daldı. Elleriyle Azat'ın yüzünü yokladı. Gözlerine baktı. Solgun çehresini endişeyle izledi. Sehpanın üzerindeki atıştırmalık tabakları görüp yüzünü buruşturdu.

"Madem yemek yemeyeceksiniz, Size sıcak ballı süt hazırlatayım. Böyle olmaz" dedi.

İki arkadaş, Resul beyden bir an önce kurtulmak için gıklarını çıkarmadan başlarıyla kabullendiler sıcak süt fikrini. Çok geçmeden, Esin Hanım elinde tepsiyle karşılarına dikildi. Tepsiyi alan Sonsuz;

"Anne, Güllü teyzeye Azat'ın geç saatlere kadar burada kalacağını haber verdin mi?" diye sordu.

Muzırca gülümsedi Esin Hanım.

"Hem de ilk iş olarak..."

Aldığı yanıttan memnun şekilde kapattı odasının kapısını. Arkadaşına dönerek:

"Oh! Şu dakikadan sonra bizi kimse rahatsız etmez" dedi.

Azat: "Bütün gece ders çalışmak mı istiyorsun gerçekten?" diye sordu.

"Şaka mı yapıyorsun? Hemen pencereden sıvışıp garajın tavan arasına gideceğiz. Peri'yi merak ediyorum. Hem bisiklet kilidine bakmamız gerek. Cızıldayıp duruyor"

"Of! Geldi mi hepsi üst üste geliyor."

"Sızlanmayı bırak da pencereyi aç, bir an evvel çıkalım buradan"

Sırayla pencereden dışarı çıktılar. İkinci kattan aşağıya doğru, tutunabildikleri her şeyden destek aldılar. Sonunda ayakları yere basmıştı, artık özgürdüler. Bütün gece Peri'nin yanında oturacaklar, onu teselli edecekler ve mistik kilidin arızasını gidermeye çalışacaklardı. Şimdilik planları buydu.

***

Garajın tavan arasına ulaştıklarında, Peri'nin bir kolunu başının altına alarak kanepede uzandığını, mutsuz gözleriyle, sehpanın üzerindeki kilidi seyrettiğini gördüler. Etrafta muazzam bir sessizlik hüküm sürüyordu. Hatta öyle ki, üçlü kanepenin çürüyen ahşap kısımlarını kemiren tahtakurularının, testereyi andıran seslerini bile işitmek mümkündü. Karanlık çöker çökmez, yuva olarak kullandıkları kiremitlerin boşluklarına sinen kumrular, serçeler, huzur içinde gurukluyorlardı. Mekâna sinen kasveti dağıtmak için iki arkadaş neşe takındıkları sesleriyle aynı anda biz geldik diye bağırdılar.

Yüzünden düşen hala bin parçaydı Peri'nin. İsteksiz sesiyle hoş geldiniz dedi ve yattığı yerden doğrularak diğerlerinin de oturabilmesi için kanepede yer açtı.

" Bu kadar dert etme kendine Peri, her şeyin bir çaresi bulunur elbet" dedi Azat.

"Hayır yok! Benim durumumun bir çaresi olduğunu sanmıyorum"

Sonra aniden yerinden kalkarak, sehpanın üzerindeki kilidi avuçladı ve hızla zemine fırlattı.

"Lanet olası şeyin enerjisi her geçen gün bitiyor. Bir ailem olup olmadığını dahi hatırlayamıyorum. Nereden geldiğimi, nelerden hoşlandığımı, meşguliyetlerimi... Anlıyor musunuz? Bütün bu sorularımın cevabı yok. Asla da olmayacak"

Kimse, bu sözlerin üzerine ağzını açmaya cesaret edemedi. Sonsuz, yere uzanıp kilidi eline aldı. Arada bir mavi renkte ışık kıvılcımı saçıp, cızırdıyordu kilit.

Peri: "Onu tamir etmeyi aklından bile geçirme. Daha hangi tür enerjiyle bile çalıştığını bilmiyorsun. Yerinde olsam hala çat pat çalışırken gider İstanbul'un fethine bakardım. Hiç olmazsa tükenip gitmeden önce bir işe daha yaramış olurdu" dedi.

Sonsuz fikrin saçmalığına katlanamayarak itiraz etti.

"Şaka yapıyorsun her halde? Gidip de dönmemek var. Nasıl güvenirsin şu işe yaramaz kilide? Moralin bozuk olduğu için iyice zırvalıyorsun."

Sonra Azat'a dönerek, haklı olduğuna dair onay bekleyen gözlerle baktı.

"Sonsuz doğru söylüyor Peri. Eğer umudunu yitirmezsen her şey daha güzel olabilir. İçinde fırtınalar koptuğunu görebiliyorum. Ama sakın onlara kapılma. Ruhun paramparça olabilir. Babamın bir sözü vardır, o da dedesinden duymuş. Ne zaman içimi kemiren bir şeyler olsa, yüzümden anlar ve gelip elleriyle omuzlarıma dokunarak bana şöyle der: meseleyi dünyaya kafa tutmakta mı sanıyorsun evlat? Oysa içindeki fırtınaları dindirip, uğultuyu susturmakta marifet..."

Çok yerinde bir söz söylemişti Azat. Öfkelenip kırıp dökerek değil, sabırla yol almak gerekliydi hayatta. Peri'nin yumuşaması ve sakinleşebilmesi için konuyu biraz daha irdeleme gereği duydu Sonsuz.

"Fatih Sultan Mehmet'i hatırlasana... Varna Savaşı öncesi tahtan nasıl da inmişti. Bir padişahın tahttan inmesi kolay hazmedilir bir şey mi sence? Hatırla lütfen. Atının üstüne binerek, nasıl terk etmişti Edirne sarayını. Nasıl çekilmişti Manisa'daki köşesine. Onun içinde kopan fırtınalar yok muydu sanki? Yüreğinde çağlayanlar akarken, gözüne oturan yaşların yanaklarına döküldüğünü gördün mü giderken? Görmedin. Sen de öyle yapmalısın. Gözyaşlarını herkese göstermemelisin. Dünya'ya kafa tutup kendine zarar vermek yerine, içindekilere sarılıp onları yatıştırmalısın. Ancak ondan sonra iyi şeyler düşleyebilir ve daha iyisini yapmak için çözümler üretebilirsin. Şimdi lütfen bu gününe şükret. En azından hayattasın. Unutma, asıl servet, iyi hissetmen için elinde kendine verebilecek bir parça daha umudunun olmasıdır. Bizler yanındayız, tamam mı?"

Yanaklarına süzülen gözyaşlarını usulca sildi Peri. Ne Sonsuz'a ne de Azat'a karşı çıkacak gücü bulamıyordu kendine. Sessiz bir kabullenişle başını evet anlamında salladı. Meseleyi tatlıya bağladığını düşünen Sonsuz: "Güzel!" dedi.

Bir müddet havadan sudan konuşmayı seçtiler. Böylece Peri'nin kafası biraz dağılmış olacaktı. Fakat ne yaparlarsa yapsınlar, gözlerine takılan kilidin arızasını merak etmekten vazgeçemiyorlardı. Azat, eline alıp kurcalamaya başladı. Eliyle bir o yana bir bu yana çekiştirip esnetmeye çalıştı sıkışan numaratörünü.

Sonsuz ise alkollü temiz bir bezle üzerini silmeyi teklif etti.

"Fakat bunu yaparken, tarih atlayabiliriz. Çünkü silmenin etkisiyle dişliler yer değiştirecektir" diyerek itiraz etti Azat.

"Ama ya işe yararsa" dedi aynı anda Sonsuz ve Peri. Rastgele bir zaman dilimine düşme endişesi içlerini ürpertmişti.

İki arkadaşının da aklından geçenlere ihtimal vermek zorunda kaldı Azat.

"O halde, her ihtimale karşı kıyafetlerimizi değiştirelim

ve her sildiğimiz dişliyi bilinçli olarak çevirelim. Yani 1453 senesine müdahil olalım. Bakarsın bizi o zamana fırlatır."

Sonsuz'un gözleri kocaman olmuştu. Azat'ın parlak fikrini beğenmediği yüzünden okunuyordu.

"Ne var yine? Neyi beğenmedin. Oğlum senin Nevin öğretmenle başın dertte değil mi? Ders te çalışmıyorsun. Bari boyut değiştireceksek bir işe yarasın. İstanbul'un fethini görelim. Hem ne yalan söyleyeyim, bizim yaramaz şehzade Mehmet kim bilir nasıl değişti çok merak ediyorum."

"Fazla merak iyi değildir Azat"

"Daha iyi bir fikrin varsa söyle o zaman. Alacaksın eline alkollü bezi sürteceksin numaratöre ondan sonra boylayacaksın dinazorlar çağını, bunu mu istiyorsun yani?"

Bir bakıma haklıydı Azat. Bir süre sessiz kaldıktan sonra neden gönlünün razı gelmediğini açıklamaya çalıştı Sonsuz.

" Ya gidip de geri dönemezsek? Bunu hiç düşündün mü?"

" Madem kilidin tamiri için her yolu deneyeceğiz, bu riski göze almak zorundayız. Yoksa..."

Peri karıştı söze:

"Yoksa tek umudum olan kilit bu gezegenden kurtulup kendi uygarlığıma dönmem için işe yaramayacak. Öyle değil mi? Ebediyen bu tavan arasında kalamam. Ait olduğum yerde olmalıyım. Tıpkı sizler gibi... Lütfen Sonsuz, elimizdeki tek şansı denememize izin ver. Bu riski göze alalım. Bakarsın eskisi gibi çalışır. Evrende onun varlığını hissederek yerimi ve beni bulabilecek birileri olmalı. "

Avuçlarıyla yüzünü kapattı Sonsuz. Derin bir nefes alıp verdi. Yolarcasına saçlarını sıvazladı ve kararlı sesiyle:

"Tamam! Siz kazandınız. Başımıza her ne gelirse gelsin, birlikte olacağız" dedi.

Sonra üzerlerini değiştirdiler. 1400'lü yılların Osmanlısında kabul gören Peri'nin tasarladığı o eski giysileri giyindiler. Sonsuz, Azat ve Peri üçgen oluşturarak yere oturdular. Kol kola girmişlerdi. Sonsuz, elindeki alkollü bezle kilidin numaratörlerini dikkatle silmeye başladı. İlk birkaç denemede kilit kıvılcımlar çıkartarak elini yaktı. Yere atmak zorunda kaldı. Hatta bir keresinde kilit Azat'ı üçgenin dışına fırlattı. Ama yılmadı Sonsuz. Her defasında yeniden denedi. Azat'ın zihninde bambaşka bir fikir belirdi.

"Beni fırlattığını gördünüz değil mi? Bence gücü üçümüzü birden götürmeye yetmiyor. Birimiz burada kalmalı. Beni fırlattığına göre kalan ben olmalıyım"

"Saçmalama, sağır mısın sen? Biraz önce ne konuştuk? Anca beraber kanca beraber, hemen buraya gel" dedi Sonsuz.

Tam sözlerini bitirmişti ki, kilit görülmedik bir enerjiyle takır takır işlemeye koyuldu. Korkudan tırsan Azat, derhal yerini aldı. Numaratörlerin her bir dişlisi tak diye yerine oturuyordu. Sonsuz'un ayarladığı tarih kilidin hafızasında kalmış olmalıydı. Çocuklar tepki bile veremeden ışıklı tünelin içinde döne döne savrulmaktaydılar.

Sonsuz: "Başardık!" diye bağırıyordu.

Yeniden o muhteşem ışık dalgasının içinde olmak, eşsiz bir duyguydu. Yere düştüklerinde hepsinin yüzünde kocaman bir gülümseme vardı. Hava bulutluydu.

"İnşallah bir karışıklık olmamıştır" temennisinde bulundu Azat.

Bir köy evinin arka bahçesine denk gelmişti düştükleri yer. Hava bulutluydu. Yağmur, indirdi indirecekti. Başlarını uzatıp evin önünde biriken kalabalığı incelemeye koyuldular. Birkaç yaşlı kadın göğsünü döve döve ağlamaktaydı. İster istemez meraklandılar.

Peri: "Orada neler oluyor acaba?" diye sorduğunda, Sonsuz çoktan kalabalığa karışmak için hamlesini yapmıştı. Sessiz adımlarla onu izlediler. Neyse ki, kimsenin kimseyi görecek hali yoktu. Belli ki, bu küçük köy evine ateş düşmüştü. Ne olduğunu anlamak için, üç arkadaş kenara çekilip insanları seyre koyuldu.

Afacan çokbilmiş bir çocuk tırmandığı yamaçtan aşağıya koşarak iniyor, bir taraftan da avazının çıktığı kadar bağırarak uzakları işaret ediyordu.

"Geliyorlar... Geliyorlar... Bekir ağabey omuzlarında, vallahi de gördüm, billahi de gördüm."

Bütün kafalar çocuğun eliyle gösterdiği tarafa

dönmüştü. Herkes ayaklanmış fakat bahçe kapısının önündeki kadın parmağını bile kıpırdatmamıştı. Donuk gözlerle toprağa bakıyordu. Köylülerden biri omuzuna dokundu ve:

"Hatçe kadın, eğme başını önüne. Takdir Allah'ındır. Hikmetinden sual olunmaz" dedi.

Geniş patikaları aşan kalabalık sonunda evin önüne gelmişti. Omuzlarında tuttukları tabut görevi yapan lakin tabuta hiç benzemeyen birbirine bitişik iki geniş kalasın üzerinde boylu boyunca bir yiğit yatmaktaydı. Kalbinin tam üzerine hançer saplanmıştı. Üstü başı, hançerin açtığı yaradan akan kana bulanmıştı. Taşıyanlar, onu Hatçe kadının ayaklarının dibine bıraktılar. Bir süre bakmamak için gözlerini kaçırdı lakin bunu yapmazsa kendini affetmeyeceği kesindi. İstemeye istemeye inceledi yiğidi. Söyledikleri gibiydi. Yani ölü. Oysa cesedini görene kadar öldüğüne inanmamıştı. Elleriyle yüzünü okşadı. Yarı açık gözlerini parmak uçlarıyla örttü. Dokunduğu andan itibaren yiğidin yüzü huzura ermiş gibi nurlandı. Ayağa kalktı kadın, kalabalığın içine daldı. Etrafını saranlar birer birer çekildi kenara. Her birinin yüzüne dik dik baktı. Yumruk yaptığı elini tokmak gibi birkaç defa göğsüne vurdu.

"Ben de Hatçe kadınsam eğer, bu yaptığını Bizans kralı olacak o alçağın yanına komam" dedi.

Sonra, bastırmaya çalıştığı göz yaşları, yeryüzüne fışkırmak için yol bulmuş kızgın lavlar gibi oluk oluk gözlerinden yanaklarına, akmaya başladı. O ana kadar dik tutmaya çalıştığı omuzları bile artık su koy vermişti. Titreye titreye, sarsıla sarsıla, hıçkıra hıçkıra ağlıyordu.

Ağır ağır yürüdü, bahçe kapısının önündeki kütüğün üzerine oturdu. Toprak, çileyen yağmurun verdiği nemle amber kokuları yayarken, kütüğün yanı başındaki, ateş de, Hatçe kadın gibi tükenmek üzereydi. Alüminyum leğene öylece baka kaldı. Yumuşasınlar diye içine ıslattığı oğlu Bekir'inin kirli çamaşırları ilişti gözlerine. Hepten kötüleşti. Kimse yanına yaklaşmaya cesaret edemiyordu. Çünkü herkes biliyordu ki, yaşadığı acı tek kişilikti ve hiçbir tesellisi yoktu. Peri diğerlerinden cesur davranarak yanına koştu. Yıllarca onunla yaşamış gibi içten, samimi ve köy kokuyordu sözleri.

"Ana! Yapma böyle. O senin yiğidin. Küser gibi uğurlama toprağa. Sar kucakla, ama ona sırtını dönme. Bak bu kadar insan senin için getirdiler onu"

Kulaklarının dehlizlerine söylenen sözleri işitince çakır gözlerini Peri'nin üzerine dikti Hatçe Kadın. Daha önce hiç görmediği bu çocuğun yüzüne dikkat kesildi. Bir yerlerden tanıyor ama çıkartamıyor gibiydi bakışları.

"Kimsin? Kimlerdensin?"

İşte şimdi faka basmıştı Peri. Yufka yüreği başına dert açmıştı. Hatçe kadınla birlikte herkes dudaklarından çıkacak cevabı bekliyordu. Kurnazlık edip:

" Öksüzüm ben. Yerim yurdum yetimhane" dedi.

Sonsuz ve Azat derin bir oh çekmişlerdi. Hatçe kadın sesini çıkarmadan doğruldu. Köylülerin en yaşlı görüneninin yanına gitti. Yerde yatan oğluna son kez bakıp adama:

"Yıkayın cenazesini" diye fısıldadı. O andan itibaren kalabalık, Bekir yiğidi yeniden omuzlarına alıp, kasabanın içine doğru yol almaya başladı. Kadınlar, Hatçe kadını kolundan tutup evine soktular. Hiç kimse Peri'yi, Sonsuz'u ya da Azat'ı umursamıyordu. Olan biteni oturdukları köşede sessizce seyretmekteydiler. Kuran'ı kerim açıldı. Önce sure-i yasin sonrasında ise çeşitli dualar okunmaya başlandı. Her kadının elinde tespih vardı. Ölülerin ardından çekilirmiş. Çocuklar bunu kadınlar konuşurken duymuşlardı. Zaten yalnızlık çeken Peri, iyiden iyiye kötüleşmişti. İnsanoğluna has duygular hissetmek tuhaf geliyordu ona. Yine de kaçamıyordu onları hissetmekten. Uzun zamandır yeryüzündeydi. Mutluluğun da, acının da, hüznün de nasıl olduğunu öğrenmişti. Hatçe kadının yüzündeki hüznü seyretmekten alıkoyamıyordu kendini. Öksüz çocuklar gibiydi hüzün. Yüreğinizden bir bayram şekeri almak için, ansızın kapınızı çalıyordu bir gün ve Hatçe kadının kapısındaydı bu gün...

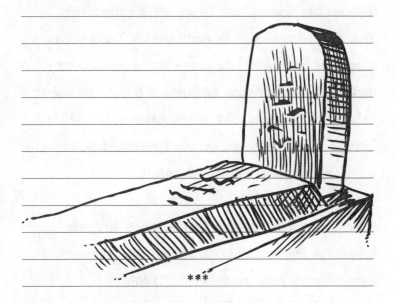

***

Aradan günler geçmişti. Herkes evine dağılmış, kendisini öksüz olarak tanıtan Peri, arkadaşlarının da kendisi gibi olduklarını söyleyip Hatçe kadının yanında kalmayı başarmışlardı. Birkaç komşusu da yetimlerin kendisine göz kulak olmalarının iyi bir düşünce olduğu konusunda hem fikirdiler. Yaşlı kadın, sesini çıkartıp yanından kovmasın diye ellerinden geleni yapıyorlardı çocuklar. Kuyudan suyunu çekiyor, becerebildikleri kadarıyla ahırdaki ineğini sağıyor, pişmeye hazır ekmek hamuru için avludaki çalı fırınını ateşe veriyorlardı.

Yine de, Hatçe kadının içi rahat değildi. Osmanlı'da, yetimhaneli çocuklar boş bırakılmazdı. Zira sadece devletin giriştiği savaşlar bile yeterdi çocukların anasız babasız kalmalarına. Lakin bu çocuklar en iyi şekilde himaye edilirlerdi. Hatçe kadın da bunu bildiğinden üçünü bir karşısına alıp tembihlemişti.

"Bana bakın evlatlar, acım büyük. Koca dünyada kaldım tek başıma. Elbet yanımda yoldaş olmanızı isterim ama Eytam sandıklarında(*) toplanan yardımlarla benim size baktığımdan daha iyi bakılırsınız. Varın gidin yetimhanenize. Hem bu günlerde daha iyi sayılırım" demişti.

---

* Eytam Sandığı: Osmanlıda, savaşlar, doğal afetler, yüzünden anne babasız kalan çocuklar için oluşturulan yardım sandığı.

Gerçekten de, söylediği kadar metanetli (*) görünmekteydi Hatçe kadın. Gel gelelim, Peri'nin bu yufka yürekli ihtiyarı bırakıp, değil İstanbul'un Fethi'ni, kasabanın içini bile görmeye niyeti yoktu. Kendini acındırmasına gerek bile kalmıyordu, gözlerine hüznün buğusu oturduğunda. Hatçe kadın sırf Peri'nin hatırına kalmalarına izin verecek gibi görünüyordu. Fikrini olumsuz yönde değiştirmesinden korktukları için hiç seslerini çıkarmıyordu çocuklar. Sonunda başındaki tülbendi hızla çekip eline aldı. İyiden iyiye düzeltip yeniden başına bağladı. Elleriyle yüzünü sıvazladı. Ne söyleyeceğini bilmezmiş gibi sağına soluna bakındı. Sonunda o müjdeli sözler döküldü ağzından.

"Peki, kalmanıza izin veriyorum. Ama yetimhaneden birileri gelip canımı sıkarsa hiç birinizle uğraşmam teslim ederim bilesiniz" dedi.

Son noktayı koymuştu koymasına ama en azından çocuklar için etrafta kol gezen belirsizlik ortadan

*   Metanet: Dayanıklı, güçlü

kalkmıştı. Şimdi Hatçe kadın dâhil her birinin içinde bir parça umut, bir parça neşe vardı. Zaman geçtikçe, birbirleriyle daha çok konuşur olmuşlardı. Bütün kasabanın Hatçe kadın diye andığı ihtiyara onlar Hatçe ana demeye başlamışlardı.

Arada bir civar evlerden gelen köylüler, yetim bildikleri bu üç arkadaşı Hatçe kadının yanına çok yakıştırıyorlardı. Onların eve gelip gitmesiyle, Bekir yiğidin göğsüne yediği hançerin öyküsünü de öğrenmişlerdi. Babasının ölümünden sonra tahta çıkan şehzade Mehmet, babası II. Murat'tan önce de, tarih boyunca birçok millet tarafından, defalarca kuşatılan fakat alınamayan İstanbul'u fethetmeyi kafasına koymuştu. Lakin daha önce başarıya ulaşmamış kuşatmaları düşündükçe, bu işin kolay olmayacağına hüküm getirmiş, ciddi ve etkin ön hazırlıklar yapılması gerektiğine karar almıştı. Bizansa, Karadeniz'den gelecek yardımları engellemek ve kuşatma sırasında üs olarak kullanmak için dedesi Yıldırım Beyazıt zamanında yapılmış olan Anadolu Hisarının karşısına, boğazın en dar kısmına, Rumeli hisarını yaptırmıştı. Hisar 1452 Ağustosunda bitmişti. Bu Bizanslılar için adeta açık bir tehditti. Baltaoğlu Süleyman Paşa komutasındaki Osmanlı donanması günümüzde Büyükada ve Burgaz adası olarak bilinen yerler ile Tarabya'daki bir Bizans kalesini ele geçirmişti. II. Mehmet'in icadı olan şahi topları konuşlandıkları(*) yerde ateşe hazır haldeydi. Padişah bu topları kullanmadan ve kuşatmayı başlatmadan önce veziri Veli Mahmut Paşa'yı devreye sokmuştu. Hatçe kadının oğlu Bekir, gücünü iyiden iyiye yitirmiş, Bizans imparatorluğunun kralı Konstantin'ni ziyaret eden bu habercilerin arasındaydı. Şehrin kan dökülmeden, Osmanlıya teslim edilmesini buyuran fermanı bizzat kendi elleriyle götürmüştü Konstantin'e. II. Mehmet'in en iyi askerlerinden olan bu ölümden korkmayan yiğit kralın azgın bir celladı tarafından, daha şehirden çıkmadan kalleşçe önü kesilerek atından indirilmiş ve oracıkta hançerlenmişti. Beraberindekiler, celladın hakkından gelmişti gelmesine ama Bekir yiğit ölmüştü. Sözüm ona kral Konstantin'in

* Konuşlandırmak: Savaş araç ve gereçlerini, stratejik bir bölgede yerleştirmek

bu ölümden haberi bile yoktu. Bekir yiğidin, atının üstünde ölü olarak Osmanlı topraklarına dönmesi, ve sağ kalan habercilerin anlattıkları, II. Mehmet'in Konstantinapolis'i yani İstanbul'u kan dökmeden almasının mümkün olmadığını gösteriyordu. Çok fazla toprak bütünlüğü kalmayan Bizans, şehri vermemek için tıpkı II. Mehmet gibi hazırlıklara başlamıştı bile. Edirne'deki herkes bunu konuşuyordu. Her köy, her kasaba erkeksizdi. Çünkü hepsi padişahları II. Mehmet'in, gördüğü rüyanın gerçekleşmesi için canla başla çalışıyorlardı. İşleri zordu. Konstantin, Haliç'ten gelebilecek Türk saldırılarına karşı boğazı baştan sona zincirlemişti. Anadolu hisarının hasarlı surlarını tamir ettirmiş, halkın bir kısmını askere almıştı. Osmanlı İmparatorunun niyetini Avrupalı dostlarına yetiştirmekte ve onlardan yardım istemekte geri kalmamıştı.

Osmanlı'nın, küçük bir Hıristiyan yarım adası haline bürünen Bizans imparatorluğunu yenmesi yani Doğu Roma İmparatorluğu'nun başkentini kuşatması demek, onun zaten iyiden iyiye zayıflayan yapısına son darbenin indirmesi, Hıristiyanlığın, yeryüzünden silinmesiyle karşı karşıya bırakılması demekti. Bu nedenle Konstantinapolis, yani İstanbul Türklere teslim edilemezdi. Gel gelelim, küçük bir şehzadeyken, henüz onüç yaşında babasının tahtına çıkan ve Varna Savaşı'nın hortlamasıyla, Çandarlı Halil Paşa'nın baskılarına dayanamayıp babasını tahta kendi elleriyle çıkartan II. Mehmet, Hıristiyanların ve öz halkı Osmanlının gözünde bir kez daha küçük düşmek istemiyordu. Üstelik Hazreti Muhammed (S.A.V) efendimiz rüyasına girmişti. Daha önce defalarca işittiği bir hadisi şerifinde söylediği sözler, o günden beri sürekli kulaklarında çınlıyordu II. Mehmet'in.

"İstanbul mutlaka fethedilecektir. Onu fetheden kumandan, ne güzel kumandan, fetheden ordu ne güzel ordudur."

Ne zaman kendiyle baş başa kalsa sürekli mırıldanır olmuştu bu sözleri. Öyle bir hayal kurmaya başlamıştı ki, imkânsızdan da öteydi ancak gerçekleşmesi için gerekirse canını verecekti. Ya o İstanbul'u alacak, ya da İstanbul onu alacaktı. II. Mehmet'in içinde bulunduğu durum bundan ibaretti. Her evde, her köşede bu konu konuşuluyordu. Padişahın bu hayaliyle ilgili faaliyetler hüküm sürüyordu her yerde. Hatta kimilerine göre Fatih bu hazırlıklarla kuşatmayı başlatalı çok olmuştu. Günlük hayat artık İstanbul alınacak mı? alınamayacak mı? II. Mehmet bunu başarabilecek mi? yoksa başaramayacak mı? muhabbetlerinden ibaretti. Bazıları bunun mümkün olmadığını iddia ediyor, kimileri ise küçüklüğünde yaramaz ve inatçı bir şehzade olan II. Mehmet'in, bunu başarabilecek tek hükümdar olduğunu savunuyordu. Günler bu şekilde su gibi akıp geçerken, Sonsuz ile Azat, İstanbul'un fethine nasıl dahil olacaklarını düşünüyorlardı kara kara.

Bizans imparatoruna yapılan ikazın ardından, fetih için başlatılan hazırlıklar hızla tamamlanıyordu. II. Mehmet, donanmayı güçlü tutuyordu. Lakin şehrin kuşatılması için donanmadaki asker miktarını arttırmak gerekiyordu. Bu amaçla saray tarafından görevlendirilmiş çok sayıda yeniçeri subayı, köy köy, kasaba kasaba dolaşıp yaşı müsait genç erkekleri ordunun emrine almaya başlamıştı.

Bunlardan iki tanesi Hatçe kadının evine gelmişlerdi. Arkalarında, sağdan soldan topladıkları genç delikanlılar vardı. Bunlar yeniçeri ocağına dâhil olmamış, büyük olasılıkla hayatlarını ticaret yaparak kazanan gençlerdi.

Askerler yaşlı kadının karşısına dikildiğinde, vaziyeti hemen anlamıştı. Üzeri yeşil damarlarla kaplı çelimsiz ellerini beline koyup dik dik askerlerin yüzüne baktı. Bilmezden gelip sordu:

"Hayırdır, ne ararsınız burada?"

İçlerinden, konuşkan olanı cevap verdi.

"Donanmaya asker toplarız."

Kaşlarını, hayret etmişçesine şöyle bir yukarı kaldırdı.

Tülbentinin ucuyla dudaklarının etrafında yoğunlaşan terleri sildi Hatçe kadın. ardından, avlunun bir köşesinde dinelen üç kimsesize baktı. Askerlere dönüp:

"Çok küçük değil mi bunlar?" diye sordu.

Yeniçeri ağzını açmadan lafısın arkasını getirdi.

"Zaten biri kız."

Asker şaşırmıştı. Ayakta dinelen üç kişi de oğlana benzemekteydi. Hatçe kadın ortada duran Peri'yi işaret ederek:

"Kız olan o. Sizinle gelemez. Diğerleri de onun en yakın arkadaşları. Üçü de kimsesiz. Benimle kalıyorlar. Hiç birine git diyemem yazıktır" dedi.

Askerin suratı asılmıştı. Beraberindeki delikanlıları göstererek:

"Onların ki can değil mi ana?" diye sordu.

Yanındaki biraz daha acemi görünen asker, Hatçe kadının önünden geçip Sonsuz ve Azat'ı kollarından tuttuğu gibi diğerlerinin yanına koydu.

"Onlar yüce padişahımızın izinden gidecek yiğitlerdir" dedi acemiliğini bastırmaya çalışarak.

Peri'nin gözleri kocaman açılmıştı. Koşarak öne atıldı. Hatçe kadın kolunun biriyle onu engelledi. Oracıkta durmak zorunda kalan Peri'nin gözlerine yaş doldu. Sonsuz, yeniçeri askerinin kulağına eğilerek:

"Kardeşimiz sayılır. Vedalaşmak istiyoruz" dedi.

Asker olur manasında kafasını salladı. Her iki arkadaş soluğu Peri'nin yanında aldılar. Diğerlerinin meraklı bakışları arasında evin kuytu bir köşesine çekildiler. Sonsuz çok fazla zamanları kalmadığını biliyordu. Derhal konuya girdi.

"Bana bak Peri, Her ne olursa olsun bizi burada bekleyeceksin"

"Ama ya ölürseniz?" diye itiraz edecek olmuştu ki, Sonsuz lafını ağzına tıkadı.

"Bunu şimdi mi düşünüyorsun? İstanbul'un fethini görmemiz için kıyameti kopartan sendin biz değil. Fakat her işte bir hayır vardır. Şikâyetçi değilim."

Kimseye çaktırmadan, cebinden çıkardığı kilidi Peri'nin avuçlarına bırakarak:

" Tek istediğim şu bisiklet kilidini toprağa gömüp, biz gelinceye kadar Hatçe anaya yoldaş olman. Bunu yapabilir misin?" dedi.

"Seve seve çünkü bir üzüntüyü daha kaldıracak halim yok. Size güveniyorum. Ölmenizle ilgili ihtimali de kafamdan atmaya çalışacağım. Siz dönene kadar Hatçe anayla birlikte buraları cennet bahçesine çevireceğiz. Ama lütfen kendinize dikkat edin. Benim için önemli değil, zaten hayatım alt üst olmuş durumda. Sizin ki öyle değil. Fetihten sonra gidebileceğiniz bir eviniz var. Beni merak etmeyin, burada olacağım" dedi Peri.

Üç arkadaş birbirlerine sarıldılar. Sonrasında Peri, daha fazla üzülmemek için eve girdi. Pencerenin önündeki sedirin üzerine oturup uzaktan, arkadaşlarının Hatçe ana ile vedalaşmalarını seyretti.

Yine o işgüzar askerin sesi duyuldu:

"Ana, gidiyoruz ana... Bırak çocukları artık"

Son sözleri:

"Merak etme Hatçe ana, Konstantinapolis fethedilecek ve Bekir ağabeyin kanı yerde kalmayacak" oldu Azat'ın.

İnanamıyordu yaşlı kadın bu ihtimale. Haksız da sayılmazdı. Nice hükümdarlar göz dikmişti şehrin üzerine fakat o kalın surların ardına bir türlü geçememişlerdi. Yaşlı kadının yüzündeki umutsuzluğa kayıtsız kalamayan Sonsuz, Azat'ın sözlerine destek verircesine, duvar dibinde neşelenmeye çalışan çelimsiz gül ağacını işaret etti ve:

"O güller açtığında, müjdeni almış olacaksın Ana. Bundan hiç şüphen olmasın"

O kadar ısrar etmişlerdi ki, çocuklara inanır görünmek zorunda kaldı.

" O gülün açmasını sabırla bekleyeceğim oğul" diye yanıtladı Sonsuz'u.

Yeniçeri subaylarının arkalarına kattıkları yiğitler, donanmaya katılacakları için adeta sevinçten havaya uçuyorlar, neşe içinde söyleşerek yol alıyorlardı. Bu küçük kalabalık, gözden kaybolur kaybolmaz, Hatçe Kadın Peri'nin yanına döndü. Birlikte sedirin üzerinden bahçeyi seyrediyorlardı. Kendinden ne kadar emindi Sonsuz. Giderlerken çocukların söylediklerine inanmak istiyordu Hatçe ana. Gül ağacı açtığında II. Mehmet'in Konstantinapolis'i almış olduğunu hayal etti ve derin bir iç çekti. Gözleri Peri'ye ilişti. Elini dirseğine koymuş halde aynı gül ağacını seyretmekteydi. Aklından neler geçtiğini bilmese de, bir derdi olduğu kesindi. Bahçeye çıkmadan önce genç bir kızken, çeyizine ördüğü şimdilerde, bağda bahçede kullandığı hırpalanmış yeleği, asılı durduğu yerden alıp Peri'nin omuzlarına bıraktı. Onun ise düşündüğü tek şey kendisine emanet edilen kilit idi. Arkadaşı Sonsuz'un dediğini bir an evvel yapmalıydı. Hatçe anaya hissettirmeden, mistik kilidi toprağa gömmeliydi. Bunun için en müsait zamanı kollamaya başladı.

Donanmanın emrine girecek olan kafile merkez olarak belirlenen buluşma yerine doğru ilerliyorlardı. Azat ile Sonsuz evden çıktıktan bu yana konuşmamışlardı. Her ikisi de, geçtikleri yolları dikkatlice seyrediyor, fetihten sağ çıkarlarsa, Peri'nin içinde büyüyen yarasıyla yeniden karşı karşıya kalacakları o anı düşünmemeye çalışıyorlardı. Zor bir durumun içine düşmüşlerdi. İstanbul'un fethine bizzat şahit olmak her ne kadar muhteşem bir duygu ise, o kan kuyusundan çıkamama ihtimalini düşünmek de, aynı derecede korkunçtu. Her ikisi de, yüreklerinin güm güm diye çarpan sesine kulaklarını tıkamışlardı. Sessizliği ilk bozan Azat oldu.

"Hatçe anaya neden öyle söyledin?"

Son sözlerini hatırlamaya çalıştı Sonsuz. Yürürken önünde uzanan patikaya dikkat kesildi ve sonra hatırladı söylediklerini. Ama Azat, unutmuş olma ihtimaline karşı, Sonsuz ağzını açmadan ekleme yaptı sözlerine.

"Yani neden o gül ağacı çiçeklendiğinde İstanbul fethedilecek dedin? Nereden biliyorsun ki bunu?"

"Tarih bilgim öyle söylüyor"

"Nasıl yani?"

"Nasıl olacak Azat, hatırlamıyor musun İstanbul'u fatih 1453 senesinin Nisan ayının başlarında 6 Nisanda fethetmeye başlamıştı. Kuşatma 53 gün sürdü, 29 Mayıs 1453'de Fatih şehre ayak bastı..."

"E! Bunun gül ağacıyla ilgisi ne onu anlayamadım"

"Güller Mayısta açarlar Azat yani bir süre sonra Kontantinapolis Bizanslılardan düşecek. Osmanlı'nın eline geçecek."

Sonra ellerini kimseye çaktırmadan hafifçe sağa sola açtı Sonsuz:

"Allah'ım" dedi. "Ne muhteşem bir olay bu"

"Bizi II. Mehmet'in çizimlerini yaptığı şahi toplarının dökümünde görevlendirirler mi dersin?"

"Ohoo Azat! O toplar döküleli çok oldu. Sultan İstanbul'u fethetmeyi kafasına koyduğundan beri, başlamıştı hazırlıklarını yapmaya. İlk önce Bizans'a hizmet eden Macarlı Urban ustayı çekti kendi safhına. O devasa topların dökümü 1452 senesinin başında bitti. Dökümünde Urban ustanın yanı sıra mimar Müslihiddin ağa ile Saruca Paşa bizzat çalıştı. Devasa toplar Edirne'den 1452'nin ocak ayında yola çıktı ve ancak birkaç ayda İstanbul önlerine getirilebildi. Biz büyük ihtimalle fethin başka bir kanadında yer alırız."

"Sana bir şey söyleyeyim mi Sonsuz?"

"Evet, ama çabuk ve sessiz ol. Yeni çerinin gözleri deminden beri üzerimizde"

"Nevin öğretmenin tarih dersinden nasıl güme gidiyorsun anlamıyorum. Çok fazla şey biliyorsun ama notlarını bozdun. Bazen bunu nasıl becerdiğini düşünüyorum ve akıl sır erdiremiyorum?"

"Cevabı ortada işte! Yorgunluk, uykusuzluk ne ararsan var bizde. İnsan yorgun olunca doğru bildiklerini bile anımsamakta zorlanıyor. Düpedüz unutuyorum her şeyi."

"O da doğru ya!"

"Ama toparlarım ben sen merak etme"

İki arkadaş sohbeti ancak nihayetlendirmişti ki, Yeniçeri kafileyi incelemek için durup geride kaldı. Önünden geçen gençleri göz ucuyla teker teker süzdü. Herkes, acaba niye bakıyor diye meraklanmıştı. Asker, gençlerin uzun zamandır yürüdüklerinden yorgun olabileceklerine kanaat getirmişti. Sonun da, gürlek sesi bulunduğu yeri inletti.

"Burada istirahat edeceğiz. Yolumuz uzun. Yüce Padişahımızın karşısına böyle yorgun çıkamazsınız. Gözleriniz cenge hazırız der gibi bakmalı. Cephede çok fazla asker kaybettik. Bu mesele kolay bir mesele değil evlatlar. Konstantinapolis'ten bahsediyoruz. Hıristiyanlığın kalesinden. Bizans hanidir Anadolu'daki Türk beyliklerini Osmanlı'ya karşı kışkırtmakta. Bununla kalsa iyi, Avrupa'daki Hıristiyanları yeni haçlı seferleri düzenleyip, Osmanlı'yı zor durumda bırakmak, hatta ortadan kaldırmak için de aynı hainliği yapıyor. Anadolu toprakları ile Rumeli toprakları arasındaki huzurun ve geçişin sağlanabilmesi için Konstantinapolis çok önemli bir kale. Karadan ve denizden yapılan ticaretin göz bebeği. Fethedilmesi demek, İpek Yolu'nun Avrupaya açılan koluna hâkim olmak demek. Boğazın her iki yakasındaki askeri geçişlerin kolaylaştırılması demek... Padişah efendimiz, böyle düşünmüş, böyle buyurmuşlardır. O nedenledir ki, bu yüce vazifenin karşısında sizler, birer asker değil, fethin aslanları olarak anılacaksınız. Dinlenceniz hayırlı ola... "

Başka bir şey söylemedi yeniçeri. Kimseden çıt çıkmamıştı, kalabalığı oluşturan delikanlılar kabullenmiş görünüyorlardı anlatılanları. Göğüsleri kabarmıştı, önemli hissediyorlardı kendilerini. Askerin söylediği her cümle içlerine işlemişti. Evet, kolay değildi işleri, hem de hiç kolay değil, lakin içinde bulundukları durum, vazife olmaktan çok, kutsal bir davanın parçası olmak anlamına geliyordu.

Herkes sağa sola dağıldı. Dinlenebilecekleri bir köşe bulma derdindeydi hepsi. Hava kararmaya yüz tutmuştu. Güneşin simli ışıkları, peri kızlarının rengârenk elbiselerinin uzun etekleri gibi yerleri süpürerek çekiliyordu yeryüzünden. Bahara uyanmıştı her yer. Bahar ve savaş. Kan ve gül gibi. İnsan yan yana getiremiyordu onları. Yeniçerilerin elinin altında olan atların sırtı erzak yüklüydü. Gençlerin yardımıyla yükleri alelacele indirildi sırtlarından. Bohçalar, heybeler boşaltıldı. Karınlar doyuruldu. Birkaç keşifçinin bulduğu su, dereden testilere katılıp orta yere bırakıldı. Dinlenmek güzeldi. Hele doğanın kucağında, açık havada, üşütmeyen ılık esintilerin eşliğinde şekerlemek eşsiz bir huzur veriyordu insana. Bütün bunlar azmış gibi bir de kafalarının üzerinde yükselen kavak ağaçlarının hışırtılı yapraklarından çıkan ninni sesleri işitiliyordu mekânda. Ne zaman uyumuşlardı, ne zaman sabah olmuştu anlamamışlardı bile.

Yaya oldukları için donanmanın üs olarak kullanıldığı yere varmaları iki gün bir gece sürmüştü. Karargâh, şimdilerde Sarıyer olarak bilinen, boğazın en dar kısmında kuruluydu. II. Mehmet'in Boğazkesen adını verdiği kale, yani Rumeli Hisarı bütün ihtişamıyla gözler önündeydi. Haliç'in girişi yani Sarıyer ile Galata arasındaki deniz mevkii Bizans'ın devasa zincirleriyle tutulmaktaydı.

Karargâha varıldığında ortalık yeniçeri kaynıyordu.
Azat'ın çok merak ettiği şahi topları da kuşatma için
en muazzam şekilde konuşlandırılmıştı. Aralarında
Sonsuz ile Azat'ın da bulunduğu gençler bir alanda
toplanmış, cepheleri organize etmekle yükümlü
yeniçeri subayları tarafından savaşın gidişatı hakkında
bilgilendiriliyorlardı. 6 Nisan'dan bu yana Bizanslılar
Konstantinapolis dedikleri inlerinde sıkışmalarına
karşın, inatla direniyordu. En güvendiği şey ise
Osmanlı donanmasının boğaza girmesini önleyecek
olan dubalardan yararlanarak çektikleri büyük zincir ile
Anadolu Hisarı'nın sonradan güçlendirilmiş surlarıydı.
Zaten Nisan ayının başından beri Osmanlıdan gelen
saldırılara ziyadesiyle dayanmışlardı. II. Mehmet güç
toplamak için yürüyen kuleler inşa ettirmişti. Gel
gelelim bu kuleler Grejuva ateşiyle yandı. Bu kuleler
sayesinde surlara tırmanan yeniçerililer ise inatçı bir
savunmayla karşı karşı kaldılar. Bu da yetmezmiş
gibi yardım taşıyan Bizans ve Ceneviz savaş gemileri

Konstantinapolis'e yaklaştı. Bunun üzerine, Osmanlı donanma komutanı Baltaoğlu Süleyman Bey, beraberindeki gemilerle yardım filosunun üzerine gönderildi. Rüzgâr, düşmandan yanaydı. Bu nedenle peşlerindeki Osmanlı gemileri bir türlü yaklaşamıyordu. Rüzgârın kesilmesiyle hareketsiz kalan yardım gemilerine güç bela yetişildi. Lakin uzayan çatışma ve birçok askerin acemiliği nedeniyle burada da üstünlük sağlayamadı Osmanlı. Ağır kayıplar vermişti. Donanma komutanı Baltaoğlu Süleyman Bey, çareyi geri çekilmekte buldu. Yüksek bir tepeden yenilgiyi izleyen II. Mehmet kendine hâkim olamayarak atını denize sürdü. Yardım gemileri Bizanslılara çoktan ulaşmıştı.

Son taarruzda çok sayıda Osmanlı askeri hem şehre girememiş, Bizanslıların okçularına, surlardan aşağıya döktükleri kızgın yağlara, ya da yorgunluğa telef gitmişler, hem de denizde yenilgiye uğramışlardı. Bir avuç Bizanslı, koskoca Osmanlı padişahı II. Mehmet'i, büyük hayalinden vazgeçireceklerine ikna olmuştu. Sevinçliydiler. Kale gibi korundukları surların arkasında gönüllerince eğelenip, Osmanlının işini nasıl bitirdiklerini anlatıyor, alay ederek kahkahalarla gülüyorlardı. Bu olayın ertesi günü II. Mehmet yenilginin acısını çıkartmak için Baltaoğlu Süleyman Beyi idam etmek istemişti. Diğer devlet adamlarının araya girmesiyle düşüncesinden vazgeçse de, donanma komutanını topuzuyla dövmüş ve ordudan azletmişti. Yerine donanma komutanı olarak Çalıbeyoğlu Hamza getirildi.

Neşesi yerine gelen Bizans'ın hesap edemediği bir şey vardı. O da, ya Konstantinapolis'i alacağım, ya da o beni alacak diye ant içen II. Mehmet'in inatçı kişiliğiydi. II. Mehmet bu güne kadar aldığı bütün ilim ve bilgiyi kullanmaya kararlıydı. Her durumda soğukkanlı ve cesurdu. Kafasında zehir gibi bir zekâ ile dolaşmaktaydı. Bizans'ın aşılamayan surları moralini bozsa dahi bunu askerine belli etmiyor, taarruz, taarruz diye tutturuyordu. Asker ağır darbeler almaya başlayınca, cümle cihana II. Mehmet kimdir göstermek için yeni bir plan yapması gerektiğine hüküm verdi. Kısa bir süreliğine karargâha çekildi. Akşemsettin hazretleri çok üzgündü. Zira fetihin arkasındaki manevi isim oydu. Şehrin düşeceğine işaret etmişti. Şimdi ise bu ihtimal çok makul sayılamazdı. İşler kötüye gitmekteydi.

Yeniçeri getirdiği yiğitleri gözü pek, kıdemli askerlerin buyruğuna dağıttı. Sonsuz ile Azat'ın yer aldığı küçük bir gurup, lakabını doğduğu yer olan Bursa'nın Karacabey ilçesine bağlı olan Ulubat Köyünden alan kişiye teslim edildiler. Gözlerine inanamıyorlardı ikisi de. Bu, Bizans kalesine Osmanlı bayrağını dikecek olan Ulubatlı Hasan'dan başkası değildi.

II. Mehmet karargâhtan çıkmamıştı. En güvendiği donanma askerlerini ve Çandarlı Halil Paşa ile çok değer verdiği lalası Akşemsettin'i yanına çağırmış, boğazın haritasını gözden geçiriyordu. Bulunduğu yerden, emrindeki kumandanların suratlarını uzun uzun inceliyordu. Biraz sonra ağzından dökülecek sözleri işittiklerinde muhtemelen duyduklarına inanamayacaklardı. Yanındakiler, el pençe divan durmuş onun hangi emri vereceğini merak içinde bekliyorlardı. Sonunda sükûnetini bozdu. Sarıyer ile galata arasındaki mevkii göstererek:

"İşte burası. Bizans'ın en güvendiği burun. Gemilerimizin bu zincirlerden geçmesi imkânsız... Burada uğrayacakları saldırıdan yenik çıkarlar. Buna razı gelemeyiz"

Çandarlı Halil Paşa yarı sıkılarak lakin merakını yenemeyerek sordu:

"Pekiyi ne buyurursunuz efendim?"

Babası II. Murat'ın vefatından sonra makamından alınacağını zanneden ancak tahta çıkar çıkmaz geçmişte yaptıklarını unutmuş görünerek Halil Paşa'yı yanında tutan II. Mehmet derin bir nefes aldı. Haçlı ordularının Osmanlı'yı dağıtmak üzere Varna'ya doğru hareket etmesi üzerine Halil Paşa'nın desteği ile apar topar tahttan indirilmesi dün gibi aklındaydı. Lakin bu yara II. Mehmet tarafından asla açık edilmemişti.

"Gemileri karadan yürüteceğiz"

İnsanların gözleri kocaman açılmıştı. Tahmin ettiği gibi, kimse duyduklarına inanamamıştı. Herkes, onun delirmiş olduğunu düşünürcesine bakıyordu yüzüne. Bu düşüncelerini ele vermemek için, hemen toparlanmışlar ve başlarını, önlerinde duran haritaya çevirmişlerdi.

Padişah sözlerine devam etti.

" Gemileri tophaneden kızaklarla çekip Haliç'e indireceğiz"

Herkes sus pus olmuştu. Tophaneden çekilen gemiler, bu günkü Kasımpaşa sahiline indirilecekler, böylece Bizans'ın denize gerdiği zincirler hiçbir işe yaramayacaktı. Kafasında kurduğu planı en ince ayrıntısına kadar anlatmaya başlamıştı II. Mehmet.

"Gemileri çekecek kızakları ve tomrukları gevşetmek için bize bolca yağ lazım. Asker ahalinin elinde ne kadar iç yağı varsa toplayacak. Toplanan yağlar karargâhta eritilecek. Lazım geldiği şekilde kullanılacak. Yine çok sayıda büyükbaş hayvana ve onları yönetecek güçlü kuvvetli leventlere ihtiyaç var."

Bütün bu düşüncesi, yıllarca aldığı mühendislik eğitiminden kaynaklanıyordu. Elindeki şahi toplarına güvenci büyüktü. O zamanlar, toplar ateşlendiği zaman, hedefe doğrusal bir uzantıyla gidiyordu. Bu nedenle bir hedefi yıkmak için önce önündeki binaları ya da engelleri yıkmak gerekiyordu. Hedefi daha kestirme yoldan vurabilmek için aldığı mühendislik eğitiminden faydalanarak bir gece durup dinlenmeksizin çizimler yapmış, havan topunu icat etmişti. Zira büyük fethin mancınık gibi tesirsiz bir silahla ya da sıradan toplarla yapılamayacağını biliyordu. İcat ettiği toplar devasa büyüklükteki şahi toplarıydı. Dökümü için Edirne'de ne kadar usta varsa seferber olmuştu. Kendisi de topların yapımını bizzat yerinde incelemiş, denetimi elden bırakmamıştı. Fatih'in tasarladığı bu toplar, diğerleri gibi değildi. Hedefe dümdüz odaklanmıyordu. Ateşlendiği andan itibaren havada parabol çiziyor ve iç kısımlardaki hedefi direkt vurabiliyordu. Bu günkü top teknolojisinin mimarı olan II. Mehmet, Konstantinapolis'i almayı kafasına koymuştu.

"Daha işimiz bitmedi Bizans'la... Yeni başlıyor efendiler. Tez söylediklerim yerine getirilsin kızaklar ve tomruklar hazırlansın, yağlansın, hayvanlarla ve leventlerle karadan geçirilip Haliç'e indirilsin." dedi.

Yanındakiler derhal çil yavrusu gibi dağıldılar. Haber anında ortalığa yayıldı. Kimse duyduklarına inanamamıştı lakin emir büyük yerden geldiği için itaat etmekten başka çareleri yoktu. İş bölümü yapıldı. Tophane bölgesine yerleştirilen askerler büyük kamp ateşleri yaktılar. Kesilmiş hayvanların iç yağları ile bazı Ceneviz köylülerinden temin ettikleri zeytinyağları kazanların içinde birleştirip eriterek bol miktarda yağ çıkardılar. Yeniçerilerin yanı sıra donanmaya ait leventler de vardı. Herkes canla başla çalışıyordu. Sonsuz ile Azat, II. Mehmet'in emrini ilk duyanlardan olan Ulubatlı Hasan ile hareket ediyorlardı. Tez vakitte tophanedeki yerlerini almışlardı. Temin edilen büyük baş hayvanlara boyunluklar geçirilmişti. Bir ucu gemilere bağlanan halatların diğer ucu hayvanların ahşap boyunluklarına bağlıydı. Yularlarından leventlerin çekiştirdiği hayvanlar, koca koca gemileri kızakların üzerine sürüklemeye başlamıştı.

Çektikleri yük, tonlarca ağırlığındaydı. Hayvanlar tek bir adımı dahi zorla atıyorlardı. Kalın halatlara asılan sadece onlar da değildi. Bir sürü insan, tıpkı hayvanlar gibi aynı yükün altındaydılar. Tophane limanından hareket eden bu gemiler, Kumbaracı yokuşunu tırmanıp, Asmalı mescitten, Tepebaşı yolu ile Kasımpaşaya kadar ineceklerdi. Bu yol aşağı yukarı üç kilometre kadardı. Güzergâhta(*) engel teşkil eden ağaçlar da az değildi. Kesilmesi gerekenler, ayaküstü kurulan ekipler tarafından ortadan kaldırılıyor. Köklerinin açtığı derin çukurlara kızaklar saplanmasın diye aynı hızla dolduruluyordu.

Ulubatlı Hasan, yürütülen gemilerden birini yönetiyordu. Hem hayvanlar, hem insanlar bitkin haldeydi. Cesaret vermek için sürekli aynı sözleri tekrarlıyor:

"Yolumuz az kaldı yiğitler. Asılın hayvanlara. Geminin önündeki tomrukları boşlamayın. Yorulanlar, yer

* Güzergâh: Yol üstü, uğranacak, geçilecek yer.

değiştirsin" diye bağırıyordu.

Sonsuz ile Azat, tomruk döşemecisiydiler. Gemi karada ilerledikçe, en arkadaki tomruklar çekilip yeniden, ön tarafa yol olarak döşeniyordu. Bu iş için çok sayıda insan çalışıyordu. Görevleri çok ağırdı. Yine de ekip halinde çalıştıkları için üstesinden gelebiliyorlardı işin. Yanlarında gençliğinden beri ağır işler yaptığı, çevik gövdesinden, pazılı kollarından, adaleli sırtından belli bir ihtiyar da vardı. Ulubatlı Hasan ona dayı diye hitap ediyordu. Asıl adı Cemal idi. Dikkat etmişti Sonsuz, Osmanlıda, akraba olmayan yaşı büyük erkeklere dayı ya da dede diye sesleniyorlardı, kadınlara ise ana. Şüphesiz ki saygıdan ileri geliyordu bu hitap şekli. Belli ki, kan bağı olan insanların yerine konulacak kadar değer veriliyordu yaşlılara. Tecrübeliydi dayı. Ulubatlı Hasan kadar söz sahibiydi ekipte.

Sonsuz: "Görüyorsun ya, bu iş hiç de kolay değilmiş" dedi, tomrukları kaldırmaya çalışırken şekilden şekile giren suratıyla. Diğer leventlerle ıkına sıkıla geminin önüne getirip yerleştiriyorlardı tomrukları. Derken arkadan yetişen takım... Sonra onun bir arkasındaki...

Tomrukların oluşturduğu yol sayesinde gemilerin ilerlemesi daha kolay olmaktaydı. Yine de, hayvanlar dâhil herkesin beti benzi ateş gibiydi. Dalakları şişmişti.

Azat öndeki öküzlerden siyah olanını göstererek:

"Şuna baksana, adım atamayacak halde"

Dayı, gözünün ucuyla Azat'ın söylediği öküze baktı.

Hayvanın sırtındaki ter, ay ışığının altında durgun bir göl gibi şavkımaktaydı. (*)

Sanki kulağını gözünü her yere dağıtmıştı Cemal dayı. Nerede ne aksilik olsa derhal haberi oluyordu. Önce vaziyeti şöyle bir izliyor, olayın gidişatına bakıyor, gerekirse hemen müdahale ediyor, gerekmeyen yerde

* Şavkımak: Parlamak, ışık saçmak

sesini çıkarmadan işine devam ediyordu. Konuşmayı
pek sevmiyordu. Bu nedenle gerekmedikçe ağzını hiç
açmıyordu. Sonsuz ile Azat, öküzün yere yığıldığını
görür görmez, geminin zaten altında kalan tomruğun
yanından ayrılıp, hayvanın yanına koştular. Cemal
dayı yaşına karşın onlardan hızlıydı. Sonsuz ile Azat'ın
şaşkın bakışları arasında derhal hayvanın koşumlarını
çıkarttı. Kendi boynuna taktı. Öküzün bıraktığı yerden
halatlara asılmaya koyuldu. Bir yandan da çocuklara:

"Hayvanı yoldan çekin, yoksa geminin altında kalacak"
diye bağırıyordu.

İki arkadaş, hırıltıyla nefes alan kara öküzün ön
ayaklarına asılıp, yolun kenarına çekmeyi başardılar.
Hayvanın gözüne beyaz bir perde inmişti. Gövdesi
balon gibi şişti. Cemal dayı bağırdı.

"Onun için yapacak bir şey yok, bana yardıma gelin"

II. Mehmet'in yenilgiyi hazmedemeyeceğini biliyordu

herkes. Üstelik Kontantinopolis'in Osmanlı'ya geçmesini de en az onun kadar arzuluyorlardı. Bu nedenle herkes canını dişine takmıştı. Kara öküzün yerine halatlara asılan Cemal dayı, tıpkı yanına koşulmuş diğer öküz gibi kan ter içindeydi. Bedenini ileri doğru ittirirken, halatlar geniş omuzlarını kesmişti. Yokuşun son raddesine gelmişlerdi. On metre daha tırmandılar mı iş bitiyordu. Sonrasında geminin yokuş aşağı kaydırılması daha kolay bir meseleydi. Sonsuz ile Azat Cemal dayının yanındaki öküzün halatlarına yapıştılar. Tomrukları geminin önüne döşeyen ekiple bir an göz göze gelseler de, ekip başı, elini havaya kaldırarak, onlara siz işinize bakın, biz burayı hallederiz dercesine gelmeyin mesajı verdi. İçleri rahattı iki arkadaşın. Zira her bir kişinin yüklendiği görev önemliydi. Ulubatlı Hasan, arkadaki gemilerin güzergâhlarını kontrole gitmişti. Olası aksiliklere anında küçük bir ekip oluşturup müdahale ediyordu. Öküz ile Cemal dayı, tıpkı karıncalar gibi bedenlerinden çok daha büyük bir yükün altına girmişlerdi. Yine, tıpkı karıncalar gibi inatçı bir debelenmeyle, sırtlarındaki yükü varması gereken noktaya götürmeye çalışıyorlardı. Kuvvetli tek bir hareket, koca gemiyi ileri doğru fırlatmaya yetebilirdi. Lakin bunun için ekstradan en az beş öküz gücü gerekliydi. Yokuşun başına vuran ay ışığı, takımını şampiyonluğa yüreklendirmek isteyen bir antrenör edasıyla, ışıyarak hedefi işaret ediyordu sanki.

"Az kaldı evlatlar, yokuşun başı göründü" diye inledi Cemal dayı.

Dişlerini sıkıyordu. Gözleri al al olmuştu. Kurdun bilekleri gibi kalın ve güçlü bilekleriyle omuzlarını kesen halatları yönetmeye çalışıyordu.

Sonsuz: "Eğer bir hamle ile öne doğru fırlayamazsak, bütün emekler boşa gider. Koca gemi herkesi altına katar ve gerisin geri kayar" diyerek uyardı arkadaşını. Azat mesajı almıştı. Tomruk aktaran guruplara seslendi.

"Ağalar koşun!"

En az üç beş gurup vardı. İki gurup gemi arkaya
kaykılmasın diye boşalan tomrukları dik vaziyette
geminin kıçına dayadılar. Böylece gemiyi arkaya
kaçırmamak için insanoğlununkinden daha kuvvetli
bir direnç elde ettiler. Kalanlar, yerinde sabitlenen
geminin önüne geçtiler. Hep birlikte Cemal dayının, sağ
kalan öküzlerin ve Sonsuz ile Azat'ın çektiği halatlara
yüklendiler. Kalabalık gurup "ho!" naraları eşliğinde
öyle bir kuvvet sergiledi ki, gemi yokuşun başına doğru
fırlayıverdi. İş buraya kadardı. Kalabalık derin bir nefes
aldı. Sonsuz, Cemal dayıya dönerek:

"Öküzleri boşlayalım. Yoksa gemi yokuş aşağı
hayvanları dümdüz eder"

Konuşmaya takati kalmadığından, gözlerini usulca
kapatıp açtı dayı. Fikri onaylarcasına başını da eğmişti
hafiften. Sonsuz, ilk önce kendi yanında olan hayvanın
koşumlarını çözdü. Zavallı kenara çekilecek takati zor
bulmuştu. Acı acı bakıyordu gözleri. O da, diğerleri gibi
yere yığılmıştı. Yine de, yanındaki koşumdan ayrılan ve

yol kenarında ölen kara öküzden dirençli görünüyordu.
Düzelmesi biraz zaman alacaktı o kadar. Boynunu
toprağa doğru uzattı. Gemiye asılan büyükbaşların
hepsi benzer durumdaydılar. Hayvanlardan ve
leventlerden boşalan gemi, bütün ihtişamıyla yokuşun
başında duruyordu. Ekibiyle güzergâhı temizleyen
Ulubatlı Hasan, yanlarına gelmişti.

"İyi iş çıkardınız yiğitler" dedi.

Lakin arkadan yetişen gemilerin önünü kesmek olmazdı.
Aynı güçlükler onlar için de geçerliydi. Geminin
kaptanına seslenildi.

"Yelkenler açılsın!"

Mürettebat maymunlardan geri kalmayan
tırmanışlarıyla, güverteye çoktan çıkmışlardı. Yelkenler
açıldı. Gemi artık yokuş aşağıya salınabilecek haldeydi.
Yiğitlerin her biri geminin kıç tarafına geçtiler. Var
güçleriyle öne doğru ittirmeye başladılar. Bir, değil,

iki değil, üç değil... Ha bire uğraştılar. Nihayetinde gemi büyük bir gürültüyle yerinden oynadı ve yokuş aşağıya denize doğru süzülmeye başladı. İnsanların yüzü, imkânsızı başarmış olmanın verdiği sevinçle gülüyordu. En zor olan ilk geminin denize indirilmesiydi. Zira bundan sonrası daha kolaydı. Çünkü arkadan gelen gemilere asılmak için fazladan büyükbaş hayvan ve insan olacaktı ellerinde. Her denize yollanan gemiden boşalan insan ve hayvan fazlası, arkadan gelenler için takviye güç demekti. Zaman su gibi akıp geçmiş ve bütün gemiler, emsali görülmemiş bir çabayla Haliç'e indirilmişti.

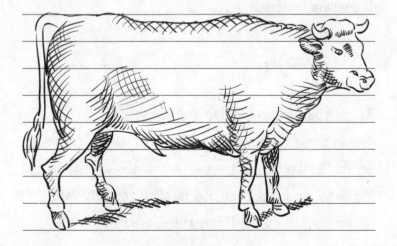

Çoğu insan ve hayvan bu uğurda telef olmaktan kurtulamamıştı ama II. Mehmet'in hayali gerçekleştirilmişti. Haber tez vakitte karargâha ulaştırıldı. Padişahın yüzünün güleceği zannediliyordu fakat o sevinmek için acele etmiyordu. Zira bu güne değin, sevindiği birçok şey kursağında kalmıştı. Avının peşindeki vahşi kurtlar kadar sessiz ve düşünceliydi

22 Nisan 1453 sabahı, Bizanslılar gördüklerine inanamamışlardı. Haliç'in üzeri Osmanlı donanmasına ait onlarca gemiyle doluydu. Manzara dehşet vericiydi. II. Mehmet böylelikle, Avrupa'dan gemilerle gelen yardımların, Bizanslılara ulaştırılmasının ve donanmasının bu konudaki başarısızlığının intikamını bir nebze olsun almış sayılırdı. Bizans'ın en güvendiği savunma sahası yerle bir olmuştu. Osmanlı donanmasına ait onlarca gemiyi gördüklerinde bütün eğlencelerine son verdiler. Toparlanıp, silkelendiler. II. Mehmet'in, yıllar önce on üç yaşında tahta çıkan ve tecrübesizliği ile cümle cihana alay konusu olan o zavallı çocuk olmadığı gerçeği ile yüzleştiler. Artık

daha çetin ve daha yıkıcı bir savaş hüküm sürüyordu Konstantinapolis önlerinde. Osmanlı donanması, Bizans donanmasına büyük kayıplar verdiremese de, direnç gösteriyor, en azından savaşın bu cephesinde düşman ordularını rahat bırakmıyorlardı. Ulubatlı Hasan ve ekibi donanmadaki geçici görevinden ayrılarak bizzat yeniçerilerin arasına karışmışlardı. Boğazın masmavi suları günlerdir haftalardır dökülen kanlarla gece gündüz kıpkırmızı akıyordu.

***

Çatışmalar tüm hızıyla sürüyordu. Şahi toplarından önce kullanılan normal toplar, Bizans kalesinin surlarını dövmek için art arda ateşleniyordu. Surlardan kopan büyük kayalar, hem şehrin iç tarafında yaşayan sivillerin, hem de gemilerin kaleye yanaşmalarından faydalanıp surlara tırmanmak isteyen yeniçerilerin üzerlerine yağmur gibi yağıyordu. Konstantinapolis, ufalanmaya yeni yeni başlayan bu surlarının sağlamlığından aldığı güçle, II. Mehmet'in tahminlerinden daha fazla direnç gösteriyordu. Bu noktaya gelmişken, o kadar şahi topunu döktürmüşken, gemileri karadan yürüttürmüşken, yenilgiyle yüz yüze kalması olacak iş değildi. Topların dökümünde bizzat görev alan Urban ustayı yanına çağırdı II. Mehmet.

"Vaziyetin daha kötü olmaması için elinden ne geliyorsa yap" dedi ona.

Urban Usta: "Hünkârım, topların ateşlendikten sonra soğumaya bırakılması gerekiyor" dediyse de, II. Mehmet hiçbir şey söylemeden gözlerinin içine öğle bir baktı ki, usta başını önüne eğip topun başına geçmek zorunda kaldı.

Bizanslılardan az çekmemişti Urban Usta. Top dökümünden iyi anlıyordu fakat Bizans topraklarında çok sefil yaşamaktaydı. Osmanlı'ya sığında, II. Mehmet onu, büyük fetih için tasarladığı, topların dökümünde görevlendirmişti. Savaş bir türlü bitmek bilmiyordu. Artık, Şahi toplarını kullanmanın tam zamanıydı.

Bizans surlarını döven sıradan topların ardından, Şahi topları sahneye çıkacaktı. Devasa toplar teker teker ateşlenmeye başladı. Her atıştan sonra, gök gürültüsünden çok daha büyük bir ses yayılıyordu ortalığa. Bizans kralı Konstantin'in tüm neşesi kaçtı. O gece, Konstantinapolis semalarında tam ay tutulması oldu. Şehirde yaşayanlar kendi aralarında kehanetler yürütmeye başladı.

"Şuna bakın!" diye seslendi bir çocuk.

Bütün kafalar gökyüzüne çevrildi. Yaşanan ay tutulmasının hemen ardından dolu fırtınası başlamıştı ve ortalık sisten geçilmiyordu. Kalabalıktan uğultulu sesler yükselmeye başladı. Şehrin merkezinde bulunan Ayasofya Katedralinin üzeri kıpkırmızı olmuştu. Bütün bu görülenler iyiye işaret değil şeklinde yorumlanıyordu.

Halkın arasından, Bizans'ın işi bitti diye bağıranlar, etraflarını uğursuzluğun sardığını fısıldayanlar, tanrının artık onları terk ettiğini savunanlar çıktı. Şahi topları surların içini acımasızca parçalarken, II. Mehmet'in emri üzerine atışlar sıklaştırılmıştı. Urban Usta her biri yaklaşık yarım ton ağırlığında olan devasa toplardan birini emir aldığı üzere arka arkaya ateşlerken, top aniden patlamış ve havaya uçarak ölmüştü. Bu kötü haberle keyfi hepten kaçan sultan II. Mehmet, savaşın gidişatını izlediği karargâhta, ellerini arkadan kavuşturmuş halde, oradan oraya volta atıyordu. Yollarını şaşıran Sonsuz ile Azat, ne olduysa önünde bitivermişlerdi II. Mehmet'in. Onlara şöyle bir alıcı gözle baktı. Sanki bir yerlerden çıkartacak gibi oldu. Sonsuz ile Azat, daha önce defalarca karşılaştıklarını hatırlayacak olmasından büyük endişe duysalar da bozuntuya vermemeye çalıştılar. Zaten yüzleri gözleri öylesine çamur içindeydi ki, sultanın onları tanımasına olanak yoktu. Yakayı ele verme telaşına kapıldığından olsa gerek, II. Mehmet'i rahatlatma saçmalığına soyundu Azat. Boş boğazlık edip:

" Hünkârım, Konstantinapolis yakında sizin olacak"

deyiverdi.

Bacak kadar boyuna bakmadan ahkâm kesmesi hoşuna gitmemişti padişahın"

" Bre densiz, sen bunu ne cüretle karşıma dikilip söylersin" diye azarladı onu.

Sıradan bir yeniçerinin bile karşısında ağzını açması yasak olan hünkârın karşısına geçip, bu sözleri söylemek olacak iş değildi. Sonsuz, hiçbir şey olmamış gibi, Azat'ı kolundan tutup, II. Mehmet'in yolunun üzerinden çekmeye çalıştı. Tam arkalarını dönüp uzaklaşıyorlardı ki, hünkâr seslendi:

"Evlat!"

İkisi birden heykel gibi dondular. Başlarını geriye korkuyla çevirdiler. Sonsuz Azat'a fısıltıyla söylendi:

"Sakın o çeneni açayım deme"

II. Mehmet nurlu yüzüyle çocuklara bakmaktaydı.

"Sen!" diye çıkıştı Azat'a.

Eliyle kendi kendini işaret ederek:

"Ben mi?"

"Evet sen! Kuşatma hala devam ediyor. Bu kanlı çatışmanın kazananının kim olacağı henüz belli değilken, söyle bakalım Konstantinapolis'in Osmanlı'nın olacağını ne bildin?"

Yutkundu Azat. Hemen arkalarında Ulubatlı Hasan belirdi. Belli ki, ekibini toparlayıp surlara hücuma yeltenecekti. Çocukları almaya gelmişti. II. Mehmet eliyle Ulubatlıya dur emri verdi. Herkes sus pus olmuştu. Azat, Sonsuz'un sakın o çeneni açayım deme sözüne itaat edemeyeceğini anlamıştı. Kahretsin ki, yine yalan söylemek zorunda kaldığı anlardan biriyle karşı karşıyaydı. II. Mehmet sorduğu sorunun cevabını bekliyordu. Avuç içi görünecek kadar açarak bir elini öne doğru uzattı. Konuşmasına izin çıktığı anlamını taşıyordu bu işaret. Boğazına lokma tıkanmış gibi zoraki bir yutkunmanın ardından:

"Şey, efendim! Yetimhaneliyim ben. Hocamız anlatmıştı bir gün..."

II. Mehmet lafı nereye getireceğini merakla bekliyordu.

"Hacı Bayram Veli..." diye geveledi Azat.

"Olamaz!" diye mızıldandı Sonsuz.

Arkadaşının sesine kulak kabartsa da, II. Mehmet cevap bekliyordu. Oralı olmayarak sözlerine devam etti.

" Yetimim dediydim ya, Ömer hocamız vardı başımızda hep. O anlatmıştı bir keresinde. Babanız II. Murat'ın en kadim dostlarındanmış Hacı Bayram Veli hazretleri. Siz daha beşikteyken babanız ona; Şeyhim, acaba cenabı

Allah bana Konstantinapolis'i nasip eder mi? Diye sormuş."

"Eee!" diye böldü sözünü II. Mehmet. Sesinde hafif alay seziliyordu.

Azat durmadı, anlatmaya devam etti.

"Padişahım bu fethi ne sen görebilirsin, ne de ben... Şu köse sakallı müridiniz Akşemsettin ile şu beşikte yatan oğlunuz Mehmet görebilir" demiş.

İkinci Mehmet işittikleriyle şaşkına dönmüş bir o kadar da kahkahalarla gülmeye başlamıştı. Herkes yüce padişahın neden böyle davrandığını anlamaya çalışıyordu. Gülmeyi aniden kesen II. Mehmet ağır adımlarla Azat'a yaklaştı. Zümrüt yüzük taktığı sağ eliyle omuzunu sıkıca tuttu. Azat'ın çamurlu suratında bilye gibi parıldayan iri gözleri merhamet diliyordu. II. Mehmet, kızıl ateşlere boğulmuş Kontantinapolis şehrinin semalarını seyrettikten sonra:

"İyi hikâyeydi evlat ama İstanbul'un fethini bana müjdeleyen kişi Hacı Bayram Veli olmasa gerek" dedi.

Azat neden diye soran gözlerle bakadursun, II. Mehmet konuya hemen açıklık getirdi.

"Senin hoca efendi güzel bir efsane düşlemiş, veyahut o da kulaktan dolma bilgileri iyice araştırmadan ortalığa saçmış. Hurafe bunlar, çünkü evlat, Hacı Bayram Veli ben doğmadan iki üç yıl önce vefat etmiş. Yani beni kundakta görmesi ve babam II. Murat'a bu eşsiz şehrin bana nasip olacağını söylemesi imkânsız. Ama yine de hoşuma gitti doğrusu çünkü yenilmeyi hiç düşünmüyorum"

O sırada Çandarlı Halil Paşa yanında bitti padişahın. Karşısında tüm ezikliği ile el pençe divan durmuş lakin söyleyeceğinden geri kalmamıştı.

"Hünkârım, kuşatmayı geri çekelim, yoksa kaybımız nice olur" dedi.

Kulaklarına inanamıyordu II. Mehmet. Eliyle, Çandarlı'yı hafifçe omuzundan ittirip yolunu açtı ve hızla Akşemsettin Hazretlerini bulmaya gitti. Zira fethi işaret ettiği halde hala muvaffak olamamıştı. Üstüne bir de Çandarlı Halil Paşanın densiz laflarını işitince hepten morali bozulmuştu. Avrupa ile olan aşırı dostane münasebetleri yüzünden hiç güvenmiyordu ona. Lakin şimdi Çandarlı'yı düşünme sırası değildi.

"Kafasına bir topuz yemediğine sevinsin Halil Paşa" dedi Azat.

Ulubatlı Hasan, derin bir nefes alıp çocuklara:

"Şahi topları surların gücünü hayli zayıflattı. Açılan büyük bir delik var... Oradan akın edecek asker topluyorum, siz de yerinizi alın. Kalkanlarınızı, kılıçlarınızı sıkı tutun. Osmanlı'nın bayrağını surlara diktiğimiz an Bizans'ın işi bitmiştir" dedi.

Ulubatlı önde, Sonsuz ile Azat iki adım gerisinde muharebenin en şiddetli zamanlarını yaşadığı surlara doğru yönelmişlerdi.

Azat: "Harika!" diye seslendi.

Sonsuz: "Nedir harika olan, bana da söyle de ben de bileyim" dedi.

Azat kulağına usulca fısıldadı arkadaşının: "Kuşatmadan sağ çıkarsak, Nevin öğretmene ders kitaplarında olmayan bir bilgiyi anlatma fırsatın olacak..."

Yüzünü buruşturmuştu Sonsuz: "Şaka mı bu?"

"Ne şakası? Gayet ciddiyim ben. Fatih Sultan Mehmet kendi ağzıyla söylemedi mi?"

"Neyi? Allah aşkına neden bahsediyorsun sen?"

Azat'ın sinirleri zıplamıştı. Bu kadar dikkatsiz olamazdı Sonsuz. Eliyle yakasına yapıştı ve burnunu burnunun dibine soktu.

"Sağır mısın? Hacı Bayram Veli Fatih'i hiç görmemiş... O doğmadan yıllar önce ölmüş. Dolayısıyla televizyonda hemen her kanalda yayınlanan fetih ile ilgili belgesellerde anlatıldığı gibi II. Murat'a İstanbul'un fethini, kundağını bile görmediği oğlunun yapacağını ona söylemiş olamaz" dedi.

Zınk diye kaldı Sonsuz, önceleri hayli ciddi olan yüzü, Azat'ın yakaladığı ayrıntı sayesinde keyifle gülümsedi. Ulubatlı arayı açmıştı. Yetişmek için koştular. Bir müddet sonra gecenin karanlığına doğru süzülerek ortadan kayboldu hepsi.

***

II. Mehmet'in canı şehrin elli küsür gündür düşmemesine çok sıkılmıştı. Ayriyeten, lalası Akşemsettin'in İstanbul sizin olacaktır sözlerine hürmetinin karşılığını alamamış olmasına üzülüyordu.

Aklından geçenlerle baş edemeyince, Akşemsettin Hazretlerine, müjdesinin şimdiye kadar neden çıkmadığını sorma ihtiyacı duydu. Bulabileceği her yere baktı lakin hiçbir yerde izine rastlamadı. Bir eline geçirse, yaşına başına bakmayacak, ona söyleyecek iki çift lafı olacaktı. Önüne çıkan nöbetçi askerlerden birine yerini sordu. Asker, elinde hazır tuttuğu kılıcıyla kilim desenli renkli bir çadırı gösterdi. Hışımla oraya yöneldi. Çadırın önü arkası, sağı solu her tarafı sıkı sıkıya kapalıydı. İlla ki, içeri girmeliydi II. Mehmet. Çareyi kılıcıyla çadırı bir kenarından yırtmakta buldu. Eliyle yırtılan yeri araladı. İçeriyi dikkatlice süzdü. Gördüklerine inanamıyordu. Başını secdeye vermiş namaz kılıyordu Akşemsettin. Alnını değdiği yer nur içindeydi. Yüzünden boncuk gibi terler akıyordu. Belli ki, II. Mehmet'in Konstantinapolis'i alması için, son çare bütün kalbiyle Allah'a dua ediyordu. Bu şehir sizin elinize düşecek hünkârım demişti ona, fethe yüreklendirmişti padişahı. Mahcup çıkmamak ve uzayan savaşın Osmanlı'nın lehine dönmesi için çekildiği çadırın içinde son çare Allah'a sığınıp tüm vaktini dua etmeye ayırmıştı. Savaş öylesine çetin bir hal almıştı ki, taş taş üstünde durmuyordu. Bizans'ın gücü epey zayıflatılmıştı. Ulubatlı Hasan ve beraberindekiler, canhıraş çalışıp, Bizanslıların içtiği içkilerden boşalan fıçıları bir araya getirerek, denizin üzerinde yeniçerilerin surlara geçebileceği seyyal bir köprü yapmayı başarmışlardı. Bizans Kralı da, şehri Osmanlıya teslim etmemek için Allah'a sığınmış, kilisede duasını yapmış ve sarayına dönüp zırhını kuşanmıştı. Yakınlarıyla vedalaşmayı da ihmal etmemişti. Atının üzerine binip, surların yanına gitmişti. Savaşın geldiği noktayı bizzat görmek istiyordu. Burçlardan aşağıya baktığında, çok sayıda yeniçeriyi örümcekler gibi surlara akın ederken gördü. İşittiği insan uğultuları, adeta Konstantinapolis'in düşmek üzere olduğunu haykırıyordu. İşte o anda bütün umudu söndü. Çünkü burunlarının dibine kadar sokulmayı başaran Osmanlı ordusu sabaha düzenleyeceği son bir taarruzla dananın kuyruğunu kopartacak görünüyordu. Yine de, vaziyeti kendine yediremeyen Bizans Kralı, askerlerinin, savundukları mevziileri terk etmelerini önlemek için komutanlarına emir verdi. Gözü dönmüş komutanlar, askerlerini tahkimatın(*)içine hapsetti ve kaçmasınlar diye başlarına nöbetçiler dikti. Ya savaşacaklar, ya da öleceklerdi.

**

Nihayet gün ağarmıştı. 29 Mayıs sabahı, Osmanlı Padişahı, sabah namazının ardından, güneş yükselince, iki rekât daha namaz kıldı. Kılıcını kuşandı. Gece yarısından beri Osmanlı topçuları surları iyiden iyiye dövmüş, Bizans'ın canına okumuştu. Şayet şu vakit kuvvetli bir akın düzenlenmezse kuşatma arzu edilen sonuçla nihayetlenmeyecekti. Bu öngörüyle

---

*   Tahkimat: Bir yeri düşman hücumuna karşı koruyabilecek duruma getirmek için yapılan hendek, siper vb. savunma tesisleri.

askerlerine son bir kez umumi(*) hücum emri verdi. Kendisi de, bizzat atına atlayıp, kuşatmaya katıldı. En büyük özelliklerinden birisi ata çok iyi binmesiydi II. Mehmet'in.

Hatta tabiri yerindeyse doğduğundan beri bütün ömrü at sırtında geçti bile denilebilirdi. Osmanlı ordusu, yaralanan, şehit düşen, kolu bacağı kopan, arkadaşlarına aldırmadan taarruza geçtiler. Biliyorlardı ki, en ufak bir merhamet, savaş meydanında ölen can kardeşlerinin kanlarının yerde kalması demekti. Sonsuz ile Azat, Ulubatlı Hasan'ın yanında onu korumaya ve kollamaya çalışıyorlardı. Beraberlerindeki otuz kadar asker, Osmanlı sancağının surlara dikilmesini görev edinmişti. Bu gurup, diğer askerlerden bağımsız olarak hareket ediyordu. Surların yarısını tırmanmıştı Ulubatlı. Hemen yanında Sonsuz ile Azat yer alıyordu. Tepelerinden savrulan oklara karşı kalkanlarını siper etmişlerdi. Bir keskin nişancı Bizanslının fırlattığı ok, Ulubatlının kafasını hedef almıştı. Sonsuz ok ile aynı

* Umumi: Genel

çevikliği göstererek, kalkanını Ulubatlının başına siper etti. Ok öylesine kuvvetliydi ki, sivri ucu kalkanı delmiş, lakin Ulubatlı hafif bir sıyrıkla ölümden kurtulmuştu.

Azat: "Sonsuz sakın yanından ayrılma onun" diye feryat ediyordu.

"Biliyorum, ona bir şey olmasına izin vermeyeceğim merak etme"

"İstersen ver hele! Hatçe Ana'nın intikamını ancak o alabilir. Müjdeyi de vaat ettiğin gibi bizzat sen verirsin ama son görevini yapmasına, yani sancağı dalgalandırmasına hepimiz yardım etmeliyiz"

Gözleri dolmuştu Sonsuz'un. Zira çok iyi biliyordu ki, az sonra Ulubatlı Hasan Bizans'ın kalleş oklarıyla vurulacak oracıkta ölecekti. Kuşatma öylesine sıkışık bir hal almıştı ki, rast gele sallanan, oradan oraya savrulan kılıç darbelerinden, etraflarında vızıldayan oklardan kurtulmak neredeyse mucizeydi. Neyse ki, surların korunaklı oyukları vardı ve hayatta kalabilmek için çok işe yarıyorlardı. Aşağıdaki yeniçeriler Osmanlı sancağını, zirveye bir iki adımı kalan Ulubatlıya yetiştirmek için elden ele yukarı yolluyorlardı. Ulubatlının tepesinde üç Bizans askeri vardı. Yukarı çıkmasını dört gözle bekleyen askerler, ne pahasına olursa olsun, onu amacına ulaştırmamak için sinsi bir pusuya yatmışlardı. Durumun farkında olan Sonsuz ile Azat, bu omuzları geniş, göğsü bir ayının ki kadar heybetli, kaplan bakışlı, çevik bilekli yiğidi yalnız bırakmamak için surları daha hızlı tırmanmaya başladı. Tek korkuları, üç Bizanslının onu surların dibine göndermeleriydi. Ulubatlı ortada, Sonsuz ile Azat onun sağında ve solunda zirveye tek kulaç mesafede kala kalmışlardı. Tepelerindeki hainler sivri kılıçlarıyla Ulubatlının omuzlarını dürtüklüyor dengesini bozmak için uğraşıyorlardı. Sancağı zor bela Azat'tan alan Ulubatlı yanan canına karşın surlara kene gibi yapışmıştı. Sonsuz ve Azat çocukluklarının verdiği çeviklikle kendilerini yukarı attılar. Tamamen Ulubatlıya odaklanan düşman askeri, çocukların tırmanışı gerçekleştirmelerini engelleyememişlerdi. İşte o anda kılıçları hedef değiştirdi ve çocuklara yöneldi. İmdatlarına Ulubatlı yetişti. Bir tanesini, sancağın sopasıyla aşağıya ittiriverdi. Diğer ikisini ise çocuklar, kalkanlarla etkisiz hale getirdiler. Korkaklar, kalıp mücadele etmektense kaçmayı tercih etmişlerdi. Duruma seyirci kalamayan Bizans komutanlarından biri öfkesine hâkim olamayarak kaçmakta olan bu iki askeri eliyle işaret ederek okçularına vurdurdu. Zirvede yalnız kalan Ulubatlı Hasan ile çocuklar göz göze geldiler.

Artık bitti, dercesine gülümseyen gözlerle bakıyordu Ulubatlı. Lakin aynı mutluluk Sonsuz ile Azat'ın gözlerinde yoktu. Yaralı omuzlarından sızan kanlara aldırmaksınız, Osmanlı sancağını, vahşi kurtların korkunç ulumalarından geri kalmayacak bir nara atarak Bizans'ın surlarına dikti. Herkes sesin geldiği noktaya bakmaktaydı. Nihayet, Osmanlı sancağı, Konstantinapolis semalarında dalgalanıyordu. Şehrin her köşesinden yükselen savaş uğultuları yerini şaşkınlık ve sessizliğe bırakmıştı. Olup bitenin farkına varan Bizans'ın sağ kalan askerleri, sancağı burcun başında sağlamlaştırmaya çalışan Ulubatlıyı hedef alarak, tüm oklarını ona çevirmişlerdi.

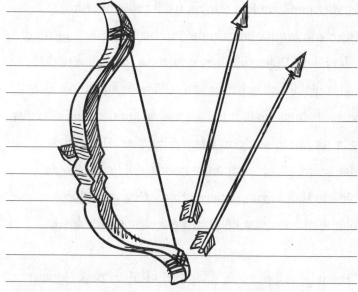

Bir anda milyonlarca arının hücumuna uğramış gibi kendilerini ıskalayan okların ortasında kalmıştı Sonsuz ile Azat. Kenara sindiler. Ulubatlıya siper olup onu yaşatabilmek uğruna ölseler bir türlü, ölmeseler bir türlüydü. Fetih uğruna canlarını seve seve verirlerdi. Buna hiç şüphe yoktu. Zaten şu noktaya varıncaya kadar kaç kez ölümle burun buruna gelmişlerdi fakat ölmektense, kadere müdahale etmekten çok daha fazla korkuyorlardı. Ulubatlı Hasan gibi bir yiğidin kaderinin değişmesine sebep olmanın gelecekteki sonuçlarını kestiremedikleri için yanına yaklaşamıyorlardı.

Burçların kuytusuna sinmekten başka bir şey gelmedi ellerinden. Diğer yandan, omuzuna, göğsüne yediği oklar yiğidi halsiz bırakmıştı. Ölüme meydan okuyan kuvvetiyle sancağı burçlara sıkı sıkıya dikti. İki arkadaş, göz yaşları içinde onu izlemekteydiler. Daha fazla dayanamayarak aynı anda kendilerini kalkanlarıyla birlikte Ulubatlının yanına attılar. Göz göre göre ölümünü izlemeye kayıtsız kalamamıştı yürekleri.

"Bunu yaptığımız için Allah bizi affetsin"dedi Sonsuz, arkadaşına.

O anda yaşlı gözlerinde sıcacık bir gülümseme aydınlandı Azat'ın.

Kalkanlarıyla birkaç okun Ulubatlıya saplanmasını önlemeyi başardılar, ancak Ulubatlı kendisini kurtarma pahasına bile olsa, her an ölümcül bir ok darbesi alabilecek bu iki gözü pek çocuğu yanından uzaklaştırmayı aklına koymuştu. Henüz şuuru yerindeyken, ikisini de, biraz önce sindikleri korunaklı köşeye fırlatmalıydı. Bedeninde kalan son gücü onlar için kullandı. Kalın bilekleriyle, Sonsuz ile Azat'ı birer kolundan tuttuğu gibi aynı anda kalenin köşesine fırlattı. Bir eliyle, nazlı nazlı dalgalanan sancağı tuttu. Artık yapılacak hiçbir şeyi kalmamıştı. Başını gökyüzüne çeviren Ulubatlı:

"Allah'ım, bu sancağı buradan indirme!" diye inledi.

Sonsözleri bu oldu. Şuurunu o andan itibaren kaybeden Ulubatlı olduğu yere yığıldı. Gözleri bundan sonra adı İstanbul olarak anılacak Konstantinapolis semalarındaki güneş gibi huzur içinde parlıyordu. Sağa sola fırlayan okların varlığı nihayetlenmişti. Surların dibi toz duman içindeydi. Hemen hemen her burcun köşesinden yeniçeriler fışkırıyordu. Bizans Kralı Konstantin Eğrikapı ve Topkapı tarafından Türklerin şehre akın ettiğini görünce "Şehir elden gitti, ben hala yaşıyor muyum?" diye feryat ederek yanındaki birkaç askerle kendini sokak aralarında devam eden muharebenin ortasına attı. Bu çaresiz çırpınış sonu olmuştu. Beraberindeki askerler teker teker öldürüldü. Sonra kendisini tanıyan korkak bir Bizanslının Türklere işaret etmesiyle tek hedef haline geldi ve kellesi uçuruldu. Şehir tamamen düşmüştü. II. Mehmet, cümle cihana kolay yenilebilir bir lokma olmadığını kanıtlamış ve bu muhteşem fetihten sonra ona çok yakışan Fatih unvanına kavuşmuştu. Konstantinapolis'in adı artık İstanbul idi. Gün, Osmanlının günüydü. Tarih boyunca birçok devletin topraklarına katmak istediği Doğu Roma İmparatorluğunun başkenti Osmanlıya nasip olmuştu. Akşemsettin Hazretleri Fatih Sultan Mehmet'in yanında gururla durabiliyordu. Bizans kralı Konstantin'in ölümü teyit(*) edildikten sonra şehre giriş hazırlıkları başlatıldı. Fatih Sultan Mehmet yanında vezirleri ve Akşemsettin Hazretleri ile bembeyaz atının üzerinde hayranlık uyandıran heybetiyle Topkapı'dan şehre

* Teyit: Doğrulama, doğruluğunu onaylama.

girdi. Genç padişah gözlerine inanamıyordu. Şehirde
neredeyse taş taş üstünde kalmamıştı. Kendi kendine:

" Aman Allah'ım biz bu şehre ne yapmışız böyle?" diye
mırıldandı.

Şehrin her yerinden simsiyah dumanlar yükseliyordu.
Her yer insan ölüleriyle doluydu. Hayatta kalanlar
ise perişan haldeydi ancak halk başını Fatih'in çektiği
Osmanlı heyetinin önünde saygı ile eğiliyor, içlerinden
kimileri Akşemsettin hazretlerine çiçekler ikram
ediyordu. Bu durum karşısında onları ikaz etmek de,
Akşemsettin'e kalmıştı. Kendisine çiçek uzatan ve
"Buyurunuz ey padişahım!" diyen bir Bizanslıya eliyle,
atının üzerindeki padişahı işaret etti. Herkes hayrete
düşmüştü. Kendi içlerinde fısıldaşmalar oldu.

Kimileri: "Aaa! Padişah genç olan mıymış?" derken,
kimileri de:" Ama Tanrım ne kadar da genç ve
yakışıklıymış" diyor ortalığı uğultuya boğuyorlardı. Bu
sırada Çandarlı Halil Paşa'dan çıt çıkmıyordu. Fatih

kendisinin padişah olduğuna inanmakta güçlük çeken halka:

"Evet, padişah benim, ama o benim hocamdır. Çiçekleri ona veriniz" dedi.

Akşemsettin hazretleri duydukları karşısında çok mutlu olmuştu. Küçüklüğünden beri yaramazlıklarıyla baş etmekte zorlandığı, her fırsatta kendisine bir padişah oğlu olduğunu hatırlatıp böbürlenmesinden usandığı Sultan II. Mehmet, son derece mütevazıydı ve parlak zekâsı, kudreti, akılcılığı ile artık bir padişahın bütün özelliklerine vakıf biriydi. Çok geçmeden, kardinale, halkın, bundan böyle Osmanlının himayesinde ancak daha önceden olduğu gibi dinlerine, dillerine en ufak bir baskı yapılmaksızın yaşayabilecekleri müjdesi verildi. Fatih, bu davranışıyla, sadece İstanbul'u fethetmemiş, Hıristiyan halkın da gönlünü fethetmişti. Yapılacak çok iş vardı. Öncelikle, Bizanslı olup ellerinde sağ kalan kıdemli askerlerle görüşmeler başlatıldı. Padişah divanını topladı. Teker teker huzuruna getirilen bu

askerlere sorular sormaya başladı. Bu askerlerden,
biri kral Konstantin'in en güvendiği postacısıydı.
Bütün önemli haberlerini hep bu subay ile gönderdiği
söylenmişti Fatih'e. Asker, boynu büyük karşısındaydı
padişahın. Fatih lafı uzatmadan konuya girdi.

"Kralınız Konstantin'i uyarmıştık. Bu şehri ya gönül
rızası ile vereceksiniz, ya da biz gelip zorla alacağız
demiştik. Kuşatma elli üç gün sürdü. Onca kaybınıza,
şehrin yıkımına karşı kralınız Konstantin neden teslim
olmadı?

Subay önce Çandarlı Halil Paşanın, daha sonrada
Fatih'in yüzüne baktı. Halil Paşa biraz sonra Bizans
askerinin bülbül gibi şakıyacağından emindi. Bu
nedenle içi daralmış, yüzü kederden simsiyah
olmuştu. Fatih gözünün ucuyla süzdü Çandarlı'yı.
Zira babası II. Murat'ın Varna Savaşı'nı yönetmek
için tahta tekrar çıkmasını teşvik etmesinin yanı sıra,
Hristiyan Avrupa ile daima ılımlı politika izlemekteydi.
Bu ılımlı siyasi yaklaşımı ona Osmanlı'nın dışında

gizli ve güçlü dostluklar kazandırdığı kesindi. Asker, şu dakikadan sonra 1400 yıllık geçmişi olan Bizans İmparatorluğundan geriye savunulacak tek bir şeyin dahi kalmadığını düşünürcesine iç geçirdi ve konuşmaya başladı:

"Padişahım, Veziriniz Çandarlı Halil Paşa..."

Gözler aynı anda Çandarlı'ya çevrildi.

Sözlerine duraksamadan devam etti asker:

" Kralımıza, Osmanlı'ya karşı direnmesi için emir buyurdular. Zira sizin uzun süren muharebeler neticesinde kuşatmadan vazgeçeceğinizi bunun için kendisinin de elinden geleni yapacağını vaat ettiler. Bu bilginin karşılığında kendisine tarafımızdan altın ikram edilmiştir"

Fatih Sultan Mehmet, başka tek bir soru dahi sormadı Bizanslıya. Sonunda tahminleri doğru çıkmıştı. Çandarlı'nın kendisine karşı hiçbir zaman samimi olmadığını fark etmiş olsa bile buna sabır göstermiş, gözünde onun daha ne kadar küçülebileceğini tecrübe etmişti.

Gözü pek yeniçerilerin kolları arasında hem Çandarlı, hem de Bizanslı sürüklenerek götürülmekteydiler.

"Efendim, maksadımı yanlış anladınız. Size ihanet etmedim ben" diye bağırıyordu yaşlı vezir.

Duyacağını duymuştu Fatih. Bu kez gözünün yaşına bakmayacağı kesindi. Zira hata sadece bir kez yapılırdı. İkincisi hata olmaktan çıkar, daha büyük bir kabahate dönüşürdü.

Öfkeliydi Fatih. Divanı dağıttı. Köşesine çekildi. Çandarlı'nın kendi başına karıştırdığı haltların haddi hesabı yoktu. Hele çocukluğundan beri babası II. Murat'ı baş veziri olduğunu düşündükçe kuşkuları daha da acı veriyordu ona. Sürekli Çandarlı tarafından kışkırtılan yeniçeriler, İstanbul'un fethinden sonra padişahlarına daha çok bağlandılar.

Çekildiği köşesinde Çandarlı'nın idam hükmünü çoktan vermişti lakin kendi kendine söyleniyor, olup bitenler için Çandarlı'ya olan öfkesinin üstesinden gelemiyordu.

"Eminim, her zamanki gibi Osmanlının iyiliği için uğraşmışsınızdır" dedi ve denizin hala kızıl akan sularını uzun uzun seyretti.

***

Sonsuz ve Azat yüksekçe bir bayırdan aşağıya doğru iniyordu. Hatçe ananın ve Peri'nin kaldıkları ev İstanbul'dan yaya olarak iki gün bir gece sürüyordu. Neyse ki, şans onlardan yanaydı. İkisi de, savaşta başıboş kalan atlardan birer tane temin etmeyi başarmışlardı. Bu nedenle dönüş yolu tahminlerinden çok daha kısa sürecekti.

"Güzel atlar!" diye ortaya laf attı Sonsuz.

Dudağının kenarında, halinden memnun olduğunu ele veren muzır tebessüm Azat'ın yüzüne çok yakışıyordu. Hiç cevap vermedi. Mis gibi temiz havayı ciğerlerine doldurdu ve uzakları seyre koyuldu. Atları ima ederek:

"Sonra bunları Hatçe anaya veririz ne dersin?" diye üsteledi Sonsuz.

"Olur, tabii ki... Yanımızda götürecek değiliz ya. Sahipleri de yok. Veririz ona, bağını bahçesini sürer bunlarla."

"Hı hı... Evet, güzel fikir gerçekten"

"Sonsuz?"

"Efendim?"

" Sen de benim düşündüğümü mü düşünüyorsun?"

"Muhtemelen evet"

İkisi aynı anda:

"Periiiii!" dediler.

Koca bayır, iki arkadaşın gülüşmeleriyle yankılanıyordu.

"Yerinde olsam gülmek için bu kadar acele etmezdim" diye dikleşti Azat.

Sustular, gülüşmelerin yerini keder aldı. Zaten

pek keyiften gülmemişlerdi. Birbirlerini o kadar iyi tanıyorlardı ki, akıllarından geçenleri bile okur hale gelmişlerdi. Deminden beri güldükleri asıl şey buydu. Hepsi bir anneden doğmuş üçüzler olsalardı eğer ancak bu kadar anlayabilirlerdi birbirlerinin dilinden.

"Haklısın, elimizde doğru düzgün çalışmayan bir zaman kilidi ve yaşadığı hayattan memnun olmayan bir Peri var. Sahi, ya geri dönemezsek?"

Bu kez sinirden gülmeye başlamıştı Azat.

"Düşündüğün şeye bak? Oğlum ne ana var ne baba demedik mi Osmanlıya? Kimsesiziz ya, Hatçe anayla yaşar gideriz. Ya da olmadı yetimhane"

Suratını döken Sonsuz gülme taklidi yaparak:

"Ha, ha, ha... Aman ne komik... Manevi açıdan rahat mısın sen? Yani öteki tarafa, kendi yaşam alanımıza dönemezsek, gerçekten burada hayatını sürdürebileceğine inanıyor musun?"

"Neden inanmayayım ki? Babam, maneviyat denilen şeyin, yaşadığımız hayatın bir anlamı olduğuna inanma isteğimiz, ikna olma şeklimizdir demişti. Yani yaşadığın hayatı seversen, ruhuna her şey iyi gelir. Burada yaşamak zorunda kalırsam ki, bunu hepimiz göze alarak geldik buraya, kalan ömrümden üzüntü duymamak için her yolu deneyeceğim."

"Zor olsa bile mi?"

"Evet, zor olsa bile!"

Böyle saatlerce didiştiler. Muhtemelen karşılaşacakları aksiliklere çözüm yolları üretmeye çalıştılar fakat ne yaparlarsa yapsınlar bir çıkış yolu görünmüyordu. Yorulduklarında mola verdiler. Ay ışığının altında uyudular. Büyük şehirlerin gürültüsünden, kirli havasından uzak kalmak ikisine de iyi gelmişti.

Atlar sayesinde iki gün sürmüştü Hatçe kadın ile Peri'nin yaşadığı eve gelmeleri. Akşamüzeriydi, Hatçe kadın, Peri'nin kuyudan çektiği bir kova suyla giderken bıraktıkları gülün dibine su veriyordu. Gül ağacı kocaman olmuş, yeni sürgünler vermişti. Sürgünlerin tepeleri üçer beşer goncanın ağırlığına dayanamayıp başlarını toprağa eğmişti. Sonsuz şöyle bir etrafa bakındı.

"Yaşamak için ne kadar huzurlu bir yer değil mi?" diye sordu Azat'a.

"Haklısın!"

"Haydi gel"

"Nereye?"

"Onları seyredelim biraz"

"Bu ayıp olmaz mı? Yani babam insanları gizlice

seyretmenin iyi bir şey olmadığını söyler hep"

" Öyle bir şey değil bizim yaptığımız"

"Ya ne?"

" Sen Peri'nin mutlu olmasını istemiyor musun?"

"Sorduğun soruya bak. Tabii ki istiyorum"

"Öyleyse sözümü dinle ve yanıma gel."

Azat, tıpkı Sonsuz'un yaptığı gibi evin avlusunu oluşturan alçak duvarların üzerine oturdu. Önlerindeki cılız badem ağacının bahara yüzünü vermiş çimen yeşili sık yaprakları saklanmalarına yetiyordu. Konuşurken, çok daha fısıltıyla çıkmaya başlamıştı sesleri. Kuyudan su çekmeye yarayan tulumba, tıpkı gece gündüz yerinden ayrılmayan bir bekçi gibi evi bekliyordu. Hatçe anaya yardım ederken yüzü gülüyordu Peri'nin. Yaşlı bir insanın eli ayağı olmak, onun yaşamını kolaylaştırmak, yalnızlığında kendi yalnızlığını unutmak iyi gelmiş gibiydi ona.

"Gül ağacı muhteşem olmuş değil mi Sonsuz?"

"Evet, çünkü emek verip, kendileri yetiştiriyor. Aşı güller gibi değiller"

"Ama aşı güller de çok güzel oluyorlar. Şöyle koca koca goncaları, upuzun sapları. Öğle değil mi?"

"Değil!"

" Çok biliyorsun sen. Bal gibi de güzeller işte"

"Anlatmak istediğim o değil ki Azat. Babam da gülleri çok sever. Vakti olduğunda o da evimizin bahçesindekilerle uğraşır, kuru yapraklarını temizler, gübreler, budar, böceklenmesin diye ilaç verir. Bütün bunların hepsini kendisi yapar. Aşı güller öyle mi? Onlar işçilikle üretilirler. Doğal ortamlarında değildirler. Suni bir güneş ışığı ve ısı

ile... Ayrıca her gün, her birine başka insanların eli değer.
Bu insanların çoğu onları gül gibi görmezler. İşlerinin bir
parçasıdır çünkü onlar. Çiçek açtıklarında dallarından
kopartmak için tereddüt etmezler. İnsanlar için,
vazolardaki aşı güllerini sevmek kolaydır, etkilenmeleri
kolay... Fakat bir o kadar da kolay unuturlar onları.
Kolay atarlar solduklarında çöpe çünkü üzerlerinde
kendi ellerinin kokusu yoktur. Bak Hatçe ana ile Peri'ye.
Onlar kendi güllerini yetiştirmekten hoşlanıyorlar. Tıpkı
babam gibi... Toprağını eşelemekten, suyunu zamanında
vermekten, baharını sabırla beklemekten..."

" Sonsuz, bütün bunları bir gül ağacı için söylediğine
inanamıyorum"

"Sadece onun için söylemedim zaten"

"Çok tuhafsın gerçekten"

Sonsuz, elini Azat'ın omuzuna attı ve yüzünü yüzüne
yaklaştırdı.

" Bu söylediğim aslında sevginin tarifiydi. Gerçek sevgi, tıpkı kendi ellerimizle yetiştirdiğimiz güller ya da başka türden çiçekler gibidir. Gerçek sevginin içinde emek vardır, meşakkat vardır, sabır vardır. Baksana şunlara... Sen onların sadece gül ağacı yetiştirdiğini mi görüyorsun? Hayır, onlar birbirlerine emek veriyorlar, birbirlerinin hayatlarını anlamlandırıyorlar. Korkarım, buradan gitmeyi başaracak kadar enerjisi var ise kilidin, ayrılmak en çok Peri'yi üzecek gibi görünüyor."

Azat, Sonsuz'un ne demek istediğini anlamıştı nihayet. Bazen, babası Resul beyden yaşının üstünde şeyler öğreniyordu Sonsuz. Onun gibi biriyle arkadaş olduğu için kendini çok şanslı hissetti Azat.

"Bu kadar yeter mi sence?" diye sordu Sonsuz.

"Yeter bence, haydi şunlara geldiğimizi gösterelim"

İkisi birden Hatçe ana diye seslendiler. Hatçe ana ve Peri başlarını çevirdiklerinde Sonsuz ile Azat'ı görmekten öylesine mutlu olmuşlardı ki, neredeyse dilleri tutulmuştu. Koşup sarıldılar birbirlerine.

"Çok şükür! Yaşıyorsunuz evlatlar"

Azat, beklenilen haberi Sonsuz'un vermesi için susmayı tercih etmişti. Dile geldi Sonsuz. Gözlerinde ilahi bir aydınlık geziniyordu.

"Yaşıyoruz ana... Tıpkı sana söz verdiğimiz gibi geldik... Hem de, beklediğin müjdeyle!"

"Yoksa?"

"Evet ana, rahmetli Bekir ağabeyin intikamı alındı. Kral Konstantin öldü ve şehir düştü. Konstantinapolis'in adı artık İstanbul. Bayramın mübarek olsun"

Canını çıkartırcasına sarılıp sıktı Sonsuz'u Hatçe ana. Gözleri yaşla dolsa bile yüzü nihayet gülüyordu. Evladı, olmayacak bir hayalin peşine kurban gitmemişti. Şehir

Osmanlıya geçmişti ya, oğlu da şehit sayılırdı. Vatan hizmeti için öldürülmüştü. O gece çocuklara taptaze ekmek açtı Hatçe anaları. Çalı fırınından çıkan sıcacık ekmeğin üzerine mis gibi tereyağını sürüp karınlarını güzelce doyurdular. Sıra uyku vaktine gelince yaşlı kadın eline tespihini alıp arka odaya çekildi. Üç arkadaş baş başa kaldılar. Güneş doğduğunda, ait oldukları yere yani yaşadıkları zaman dilimine dönmeleri gerekiyordu. Peri zamana açılan kilidi gömdüğü yerden çıkartacak ve karşı boyutta, yani geçiş yaptıkları günün tarihine ayarlayacaktı. Bu Osmanlı'da geçirdikleri son geceydi.

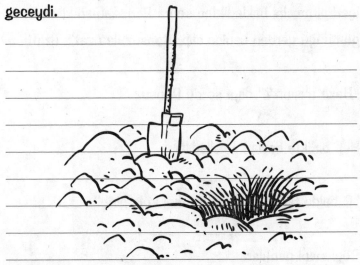

Ertesi gün, kahvaltıdan sonra üç arkadaş Hatçe ana ile vedalaşmak istediler. Sözüm ona Osmanlı yetimhanesine geri döneceklerdi. Arada sırada ziyarete geleceklerini, merak etmemesini dahi söylemişlerdi. Bu pembe yalan, hem Hatçe ana, hem de kendileri için vedalaşmayı kolaylaştırmıştı. Görmüş geçirmiş kadındı Hatçe ana. Evlat acısından daha ötesi mi vardı sanki? Sarıldı çocuklara evlatlarıymış gibi. Onlarda yaşlı elini öpüp, alınlarına koydular vedalaşırken.

Uzun süre kapının önünde ayrılmadı Hatçe ana. Ta ki, çocuklar gözden kayboluncaya kadar. Hatçe ananın içeri girmesini bekledikten sonra Peri, zaman kilidini gömdüğü yerden usulca alıp, Sonsuz ile Azat'a uzattı.

"Hazır mısınız?" diye sordu Sonsuz.

Hep birlikte başlarını salladılar.

"O halde tarihi yeniliyorum, kol kola girin"

Söyleneni yaptılar.

Kilidi evden ayrıldıkları tarihe çevirdi Sonsuz. Son haneyi çevirirken dua ediyordu fakat işe yaramadı. Kendi boyutlarına geçemediler. Kilit her birini bir tarafa savurmuştu. Kendisini de, içinde bulundukları tarihe geri sarmıştı. Toplandılar, yeniden denemeye karar verdiler ama yine beklenen olmadı.

"Kahretsin! Geri dönemeyeceğiz" dedi Sonsuz.

Peri bu duruma üzgün görünmüyordu.

"Ben zincirden çıkayım. Belki gücü üçümüzü bir fırlatmaya yetmiyordur. Sizlerin birer ailesi var, yolunu bekleyenleri, ama benim yeryüzünde geçmişim yok. Burada Hatçe ana ile kalabilirim. Kendime onunla bir hayat kurabilirim ve bu hayat, Sonsuz'ların garajının tavan arasında yaşamaktan çok daha güzel bir hayat olur benim için."

Önceleri bu teklife çok şaşırdılar. Bir süre sustular. Sessizliği ilk bozan Sonsuz oldu.

"Emin misin?"

"Evet eminim. Başarabilirseniz siz gidin. Ben onunla kalıyorum" dedi Peri.

Sonsuz ve Azat Peri'nin boynuna sarıldılar.

"Seni tanımış olmaktan büyük mutluluk duyduk" dediler.

Peri de aynı duygular içindeydi. Sonsuz ile Azat kol kola girip, kilidin tarihini yeniden çevirmeye koyuldular. Peri olup biteni merak içinde bekliyordu çekildiği köşesinde. Sonsuzun eli tarihin son rakamını çevirdiğinde, ortalık bir ışık seline döndü. Göz alıcı parlaklık aynı anda yok oldu. Başarmışlardı fakat Peri kendini tuhaf hissediyordu. Bir daha Sonsuz ile Azat'ı göremeyecek olmak onu üzüntüye boğmuş daha da insanlaştırmıştı. Gözlerindeki nemi kollarıyla sildi. Ardından, Hatçe ananın evinin yolunu tuttu. Kim bilir geri döndüğüne ne çok sevinecekti Peri'nin.

Fırlatma başarılı olmuştu. Yeniden Sonsuz'ların garajının tavan arasındaydılar. Her şey bıraktıkları gibi görünüyordu. Peri'nin uyuduğu kanepeyi açtılar. Sabaha çok vardı. Yan yana ağır bir uykuya daldılar. Sabah olduğunda güneş doğmadan ilk iş, garajın musluğunda ellerini yüzlerini yıkadılar. Kıyafetlerini değiştirdiler. Evdekilerin yokluklarını hissetmemeleri için Sonsuz'un odasına, evin duvarlarını tırmanarak pencereden girdiler. Bu olayı da ucuz atlatmışlardı. Aradan iki üç gün geçmişti. Okuldaki ilk ders tarihçi Nevin öğretmenin dersiydi. Sınıfa girip selamlaşır selamlaşma çocuklara sorusunu yöneltti.

"Evet! Fatih Sultan Mehmet Han hakkında, bana ders kitaplarında olmayan ilginç bir bilgi lazım. Son dersimizde bunu istediğimi sizlere iletmiştim. Bakalım kaç kişi beni dinlemiş ve notunu yükseltmeye karar vermiş"

Kimseden çıt çıkmıyordu. Nevin öğretmen, rast gele gözüne kestirdiği öğrencileri tahtaya kaldırıyor ve bildiklerini anlatmalarını istiyordu. Çoğu da, ağızlarını bile açmadan yerine oturuyordu. Öğretmenin parmağı Sonsuz'a denk geldi.

"Evet Sonsuz. Bir de seni dinleyelim"

Bunu söylerken, Sonsuz'a pek umutsuz bakmıştı Nevin öğretmen, lakin tahtaya çıkar çıkmaz, gözlerindeki parıltı bütün sınıfa yansımıştı Sonsuz'un.

"Efendim, Hacı Bayram Veli, II. Murat'a, İstanbul'u oğlunuz fethedecek müjdesini vermemiştir" dedi.

Bütün sınıf Sonsuz'un söylediklerine kahkahalarla gülüyorlardı. Hatta Nevin öğretmen bile.

"Bu sonuca nasıl vardın oğlum?"

Sınıfın gülmesi yatışıncaya kadar bekledi Sonsuz. Fatih Sultan Mehmet'in kendi ağzıyla söylediği bilgilerin tarihini internetten ve bir çok kaynaktan bakıp kontrol ettiği için içi rahattı. Biraz önceki açıklamalarına bile dakikalarca gülen bir sınıfa, çıkıp da bunu Fatih Sultan Mehmet'in bizzat kendisi söyledi dese hiç de inandırıcı olmayacaktı. Onlarla anladıkları dilden konuşmaya karar verdi. Yani yaptığı araştırmalardan elde ettiği kesin sonuçları aktararak.

"Çünkü Hacı Bayram Veli 1429 tarihinde ölmüştür. Fatih doğduğunda yıl 1432 idi. Yani Hacı Bayram Veli, II. Murat'a İstanbul'u henüz dünyaya gelmemiş oğlu II. Mehmet'in fethedeceğini söylemiş olamaz" dedi.

Bütün sınıf zınk diye sustu. Nevin öğretmen bile. Tarihçi olmasına karşın böyle önemli bir ayrıntıyı nasıl olmuştu da kaçırmıştı. Hemen hemen her yerde, özellikle bu konuda hazırlanan pek çok belgeselde, Hacı Bayram Veli'nin II. Murat'a İstanbul'u oğlu II. Mehmet'in fethedeceğini söylediği bilgisi yer alıyordu. Lalası değerli insan Akşemsettin de ona eşlik edecekti ama tarihlere bakılırsa bunun söze dökülmüş olması imkânsızdı.

"Aferin evlat. İyi bir bilgi verdin bizlere. Bu konu üzerinde hepimiz düşüneceğiz. Daha çok araştırma yapacağız. İçinden çıkacağımızı zannetmiyorum ama bu işi uzmanlarına yani tarih profesörlerine danışabiliriz" dedi.

Sonsuz otururken gülümsüyordu. Notu yükselmişti.

Bisiklet kilidine gelince, en iyisi ondan kurtulmaktı. Azat'la okul çıkışında Konak vapur iskelesine gittiler. Vapur Karşıyaka'ya doğru ilerlerken, denizi ortaladığında iki arkadaş kendilerine muhteşem deneyimler hatırlatan ancak artık doğru düzgün çalışmayan mistik kilidi, egenin masmavi sularının dibine gönderdiler. İçleri huzurluydu çünkü herkes, kendini ait olduğu yerde bırakmıştı. Mutlu olabileceği, sevginin varlığını duyumsayabileceği yerde.

Azat, babasından öğrendiği maneviyatçı kişiliği ile dile geldi. Çok sevdiği arkadaşı Sonsuz'un gözlerine bakıp:

"Biliyor musun?" diye sordu.

"Neyi?"

"Kâinatta her şeyden önce yaratılan ilk şeyin sevgi olduğunu düşünüyorum ben" diye yanıtladı Azat. Haksız sayılmazdı. Sevgi olmasaydı, insanoğlu onca kötülüğün hakkından nasıl gelirdi?

Kalabalık bir martı sürüsü, çığlık çığlığa ötüşerek onaylamıştı sanki Azat'ı.

SON